JN458116

자녀와 함께 하는 진로탐색 길라잡이

개정판

# 열려라 멋진세상 펼쳐라 미래지도

삼성의료원 사회정신건강연구소

교육과학사

〈만든 사람들〉
책임연구자
**이동수** • 삼성의료원 사회정신건강연구소 소장
**정유숙** • 삼성의료원 사회정신건강연구소 부소장

공동연구자
**최영순** • 한국고용정보원 진로교육센터 부연구위원
**고정민** • 고용노동부 고양고용센터 실무관
**김란주** • 삼성의료원 사회정신건강연구소 진로교육 전문강사
**이세용** • 삼성의료원 사회정신건강연구소 수석 연구원
**정영희** • 삼성의료원 사회정신건강연구소 책임 연구원
**이선우** • 삼성의료원 사회정신건강연구소 책임 연구원
**이영민** • 서울아동청소년상담센터 소장
**정혜경** • 마음과인지아동청소년상담센터 소장

보조연구자
**심재은** • 삼성의료원 사회정신건강연구소 진로교육 전문강사
**이수희** • 청심국제중고등학교 상담교사

개정판
열려라 멋진세상
펼쳐라 미래지도

2015년 4월 15일 1판 1쇄 인쇄
2015년 4월 20일 1판 1쇄 발행

저 자 삼성의료원 사회정신건강연구소
발행자 김 동 규
발행처 교 육 과 학 사

주 소 경기도 파주시 문발동 광인사길 71
전 화 031 - 955 - 6956~8
팩 스 031 - 955 - 6037

Home-page : www.kyoyookbook.co.kr
E-mail : kyoyook@chol.com
등 록 : 1970년 5월 18일 제2-73호

정 가 15,000원

ISBN 978-89-254-0938-2 (03370)

낙장 · 파본은 교환해 드립니다.
Printed in Korea.
저자와의 협의하에 인지를 생략합니다.

## 프롤로그

아이가 품은 꿈보다 귀한 보물이 있을까요?
진로 탐색은 그 보물(꿈)로 가는 길 찾기입니다.

그렇다면, 내 꿈은 무엇이고
그 꿈을 향한 길은 어떻게 찾을 수 있을까요?
내 마음이 시키는 일이 내 꿈이고
그 꿈에 이르는 길도 내 마음을 따라가야 합니다.
진로를 찾아가는 데 있어 무엇보다 자기탐색이 중요한 이유가
바로 여기 있습니다.

"내가 좋아하는 일은 무엇이고,
그 중 내가 잘 할 수 있는 건 뭘까?
그 일이 나를 행복하게 할까?"
마음에 물어보고 그 답에 귀를 기울여야 합니다.
그것이 진로 탐색의 출발점입니다.

그런데 부모의 꿈을 아이 꿈으로 착각하거나
세상 사람들이 많이 원할수록 귀한 보물이라고 여기는 바람에
정작 제일 중요한 아이 마음 살피는 일이 뒷전으로 밀리거나
무시되는 경우들이 있습니다.

아이가 무슨 일을 하면 좋을지
전문가나 부모가 그 답을 가지고 있다고 생각하는 겁니다.
하지만 답은 아이 안에 있습니다.

자, 이제부터 아이 마음속 보물을 찾아가는
가슴 뛰는 여행을 부모와 아이가 함께 시작합니다.
이 책이 그 여행길을 안내하는 좋은 지도가 될 수 있기를 바랍니다.

꿈을 찾아가는 여행은
먼저 아이가 좋아하는 일(흥미)을 발견하는 것으로 시작합니다(1장).
좋아하는 일을 직업으로 가진 사람이 행복하고 또 성공할 수 있으니까요.

공부를 잘하거나 예체능에 뛰어난 능력만 적성은 아닙니다.
아이만의 특별한 강점을 찾아보세요(2장).

성격과 가치관을 아는 것도 진로를 찾는 데 도움이 됩니다(3장).
심리검사도 좋지만, 그것보다는 적절한 질문과 대화로
아이가 자신의 성향을 이해하고 무엇이 자신에게 정말 중요한지를
생각해볼 기회를 갖도록 도와주세요.

흥미로운 직업 세계를 두루 살피다보면

지식의 양만 늘어나는 게 아니라 포부도 함께 커질 겁니다(4장).

체험만 많이 한다고 무조건 다 좋은 건 아닙니다.

관심 있는 직업을 제대로, 즐겁게 체험할 수 있어야 합니다(5장).

아이가 해야 할 진로 탐색을 부모가 대신 해 줄 수는 없습니다.

하지만 함께 걸으며 응원과 격려로 힘이 되어 줄 수는 있습니다(6장).

아이가 지치지 않고 자신의 길을 잘 찾아 만들어갈 수 있도록

꿈을 찾는 여정에 든든한 동반자가 되어주세요.

# 목차

# 목차

## <부모나래 블로그를 활용하세요>

함께 해보아요에 필요한 자료는 부모나래 블로그(blog.naver.com/bumo_narae)에서 다운받거나 이용 안내를 받을 수 있습니다. 그 외에도 부모교육 관련 다양한 자료가 준비되어 있으니 많은 이용 바랍니다.

이 책 중간 중간의 '쉼표'에 나온 글들은 모두 '부모나래' 에서 옮겨왔습니다. <부모나래>는 매주 금요일마다 이메일로 배달되는 '행복한 부모-자녀관계를 위한 온라인 부모교육 편지'입니다. 바쁜 일상생활로 자녀에게 소홀해지기 쉬운 부모님들에게 양육과 관련된 다양한 컨텐츠(동영상, 서적 등)와 전문가의 해설을 편지 형식으로 제공하여, 부모 스스로 양육에 대하여 점검하고, 성찰할 수 있는 기회를 드리고자 합니다.

## '부모나래'는 무슨 뜻인가요?

- 부모 날개를 달다, 부모나래 (나래는 날개의 순우리말입니다)
- 일상 업무와 자녀 양육으로 지치고 힘든 부모들을 위로하고, 자녀 양육에 관한 tip을 제공함으로써 부모들에게 날개를 달아주고자 하는 의미입니다.

## '부모나래' 편지를 받고 싶다면?

- 받고 싶은 e-mail 주소를 narae.smc@samsung.com으로 보내주시면 됩니다.

## 부모나래 블로그

http://blog.naver.com/bumo_narae

## 부모나래 페이스북

https://www.facebook.com/narae.smc

## ○ '부모나래' 편지는 이렇게 이루어져 있어요

부모나래 1호

삼성사회정신건강연구소

해와 달

어느 날 해와 달이 만나 대화를 했습니다.

오늘의 편지

당신은 아이의 어느 한 면만을 보고 있지는 않습니까?
당신은 아이에게서 내가 보고 싶은 모습만 찾고 있지는 않습니까?
당신은 균형 잡힌 열린 시각으로 아이를 바라보고 있습니까?

심리학에는 라벨링 효과(Labeling Effect)라는 말이 있습니다.
일단 이름을 붙여 고유의 특징을 정한 뒤에는 더 이상 아무런 검증도 하지 않고
바꾸려고도 하지 않으며 그대로 확신하는 것입니다.
우리는 흔히 타인에게 "저 사람은 이런 타입이야" 라는 식으로 라벨을 붙입니다.
라벨은 대개 첫인상이나 짧은 시간에 어느 한 부분만을 보고 만들어지기 쉬우며,
한 번 붙인 라벨은 좀처럼 바뀌지 않는 경우가 많습니다.

아이는 매일매일 자랍니다. 아이에게서 내가 보지 못하고 놓친 부분이 더 클 수도 있습니다.
부모의 편협한 시각에 아이를 가두고 있는 것은 아닌지, 아이에게 내 마음대로
[illegible]
활짝 열린 마음과 눈으로 아이를 있는 그대로 보아주세요.

하나 더!!

자녀와 대화할 때 You-message보다는 I-message를,
Be-message보다는 Do-message를 사용해보세요.

아이가 연락도 없이 늦게 귀가한 경우, "너 왜 이렇게 늦었어?" (You-message)보다는 "네가 연락도 없이 안 와서(사실)
엄마가 많이 걱정되고 화가 났어(감정)" (I-message)가 반감을 불러일으키지 않으면서
내 마음을 전달하고 아이의 행동을 수정하는데 효과적입니다.
주어를 '너' 가 아닌 '나' 로 바꾸기만 해도 말의 내용과 느낌이 많이 달라진답니다.

아이가 준비물을 잊고 안 가져갔을 때 "넌 그렇게 깜빡깜빡하고 덜렁대서 어쩌려고 그러니?" 라고 싸잡아
아이를 평가하고 비난하기(Be-message) 보다는 아이의 구체적인 그 행동만을 있는 그대로 얘기(Do-message)하고
바뀌었으면 하는 행동을 부탁 형식으로 전달해보세요. "오늘 아침에 준비물 깜빡했던데 다음부터는 잘 챙기면 좋겠다" 하구요.

화가 났을 때는 아이에게 말을 하기 전 먼저 마음을 가라앉히고 진정시킬 시간을 잠깐이라도 갖는게 좋겠지요?
압력밥솥의 뚜껑을 열기 전에 한 김 빼주는 것처럼.

부모나래와 함께, 행복한 부모!

부모나래 게시판 바로가기

본 메일은 발신전용으로 문의사항은 홈페이지의 게시판을 이용해주시기 바랍니다.

서울시 강남구 일원동 619-4 우정빌딩 3층 135-230 Tel : 02-3412-1103, 070-7096-1933 Fax : 02-3412-1104
COPYRIGHT (C) 2011 SAMSUNG SOCIAL MENTAL HEALTH INSTITUTE. ALL RIGHTS RESERVED.

▶ 양육 관련 컨텐츠 (동영상, 그림 등)

▶ 전문가 도움글

▶ 기타 참고 사항

✓ 좋아하는 게 먼저일까요? 잘 하는 게 먼저일까요?

✓ 좋아하는 일을 직업으로 선택한 사람이 성공합니다

✓ 내 아이가 좋아하는 일을 찾아보세요

✓ 일상생활에서도 찾을 수 있어요

Chapter 1

# 아이가 좋아하는 걸 먼저 찾아보세요

# 아이가 좋아하는 걸 먼저 찾아보세요

## 좋아하는 게 먼저일까요? 잘 하는 게 먼저일까요?

우리 아이에게 꼭 맞는 진로를 정하려면 좋아하는 것을 먼저 찾아야 할까요, 아니면 잘 하는 것을 먼저 찾아야 할까요? 답은 '둘 다'입니다. 초등학교 시절은 자신이 어떤 활동이나 과목을 좋아하고 잘 하는지 스스로를 알아가는 시기입니다. 그러므로 좋아하는 것과 잘 하는 것, 아이의 전체적인 특성을 탐색하는 것을 전제로 하되 만약 흥미와 적성이 일치하지 않는다면 먼저 흥미에 바탕을 둔 진로탐색을 하는 것이 바람직합니다. 그래야 좋아하는 일을 잘하게 되어 점차적으로 좋아하면서도 잘 할 수 있는, 즉 흥미와 적성이 일치하게 될 가능성이 커집니다.

좋아하는 일이나 활동은 "흥미(interest)", 잘 할 수 있는 능력은 "적성(aptitude)"이라고 부릅니다. 좋아하는 일은 누가 시키지 않아도 스스로 열심히 하게 되고, 그러다보면 능력이 쌓여 잘하게 될 가능성이 큽니다. 주변 사람들의 인정과 칭찬을 받게 되면 자부심이 커지면서 그 일을 더 좋아하게 됩니다. 우리도 학교 다닐 때, 어떤 선생님을 좋아해서 혹은 좋아하는 과목이어서 다른 과목들보다 더 열심히 공부했던 경험이 있지 않나요? 좋아하는 과목은 시험공부도 재미있어서 더 많이, 더 열심히 하게 되고 성적도 더 잘 나왔을 것입니다. 싫어하는 과목은 아마 반대였겠지요.

직업에서도 마찬가지입니다. 자기가 좋아하는 일을 하게 되면 능률이 오르고 싫증을 느끼지 않아 그 일을 오래 계속할 수 있고, 그 결과 더 잘하게 됩니다. 일을 잘하게 될수록 그 일이 더 좋아질 거구요. 반대로 좋아하지 않는 직업을 선택할 경우 스스로 하고자 하는 동기가 낮아 일의 효율성이 떨어지고 성과도 좋지 않으며, 발전 가능성도 낮습니다.

그 일을 좋아하는지 아닌지, 즉 그 직업에 대한 흥미(interest, 관심이나 선호)가 있는지 없는지 여부는 직업에 대한 '만족감'과 '지속성'을 결정짓는 중요한 역할을 합니다. 흥미 자체가 학습이나 직업의 성공을 가져다주는 직접적인 요인은 아니지만 중요한 동기요인은 될 수 있습니다.

그럼 좋아하는 일을 직업으로 선택하라고 했으니 아이가 종일 게임만 하거나 만화만 보는 것도 눈감아주라는 얘기냐 의문이 들 수 있습니다. 어른의 눈에 한심하거나 쓸모없어 보이는 일이라 하더라도 아이는 그 속에서 관련된 많은 재능과 적성을 시험해 보고 있는 중일 수 있습니다. 흥미는 적성을 더 발달시킬 수 있도록 불을 지피는 에너지원입니다. 어떤 것을 잘 할 수 있는 적성(잠재능력)도 중요하지만 그것을 좋아하고 즐기는 마음이 더 중요한 것은, 흥미가 그 일을 하는 데 있어서 지속적으로 내적인 힘을 부여하면서 결국에는 실질적인 능력, 즉 적성을 더욱 발전시킬 수 있기 때문입니다.

좋아하는 것을 찾은 아이들은 그 일을 자기 주도적으로 선택하게 되는 반면, 적성의 경우 외적인 환경에 의해 수동적으로 선택을 하게 되는 경우가 많습니다. 이런 경우 자신이 잘 하는 일에 초점을 맞추어 학과나 직업선택을 했다가 나중에 정말 좋아하는 다른 일이 생겨서 진로 선택을 중도에 변경할 수 있습니다. 또한 좋아하는 것과 잘 하는 것이 모두 발달하는 초등 시기에 잘 하는 것에만 초점을 맞추어 진로를 탐색하는 경우 그 범위가 한두 가지로 제한되어서 오히려 앞으로의 발전 가능성을 낮추거나 어느 한쪽으로 치우쳐 발달하게 되는 부작용이 생길 수도 있습니다.

**스티브 잡스**

"저는 운 좋게도 인생에서 정말 하고 싶은 일을 일찍 발견했습니다.

당신이 사랑하는 일을 찾아보세요. 사랑하는 사람이 내게 먼저 다가오지 않듯, 일도 그런 것이죠. 일단 한 번 찾아낸다면, 서로 사랑하는 연인들처럼 시간이 가면 갈수록 더욱 더 깊어질 것입니다. 그러니 그것들을 찾아낼 때까지 포기하지 마세요. 현실에 주저앉지 마세요."

(스탠포드대학 졸업식 연설 中)

함께해 BoA요! **흥미 변천사**

● 준비물 : 자녀의 어린 시절 사진이나 동영상

### 왜 하나요?

어릴 때 자녀의 사진을 보는 활동은 부모-자녀의 친밀감을 높이게 됩니다. 또한 사진 속 자녀의 모습을 통해 자녀가 성장하면서 어떤 활동을 좋아했는지 살펴보는 기회도 되고, 흥미가 변화될 수 있다는 것도 알게 됩니다.

### 어떻게 하나요?

✔ 자녀와 함께 자녀의 어린 시절 사진이나 동영상을 봅니다.
✔ 자녀의 기억 속 이야기를 듣거나 부모의 기억 속 이야기를 합니다.
✔ 사진과 동영상에 나타나 있는 활동이나 장소에서 자녀의 흥미 영역을 찾아봅니다.

부모 TIP

### 사진을 보면서 자녀와 다음과 같은 이야기를 나눠보세요.

☞ 자녀의 흥미 변화와 관련된 이야기로 다음과 같은 예를 활용하시면 좋습니다.

"이 사진 속 네가 무엇을 하고 있는 거 같아?"

"네가 ○○○ 활동을 할 때 얼마나 좋아했는줄 아니?"

"이곳은 네가 자주 가자고 졸랐던 곳이야. 주로 여기서 ○○활동을 했어."

"너는 ○○활동 또는 이곳이 기억이 나니?"

"그 때 네 기분은 어떠했니?"

"너는 어릴 때 어떤 활동을 재미있어 했던 거 같아?"

"여기 사진 속에서 보이는 활동이나 장소 중에 다시 해 보고 싶은 거 있니?"

### 아이가 잘 기억하지 못하면, 부모님이 말해주셔도 좋아요.

☞ 아이들의 첫 기억은 주로 3-4세로 시작됩니다. 따라서 이전 경험에 대한 기억은 사진이나 부모의 이야기에 의존합니다. 부모가 자녀의 첫 기억 이전의 활동이나 관심사를 자세히 설명해 주시는 것이 좋습니다.

### 아이가 좋아하는 것에 대해 얘기 나누며 다시 친해지는 기회로 만드세요.

☞ 아이들은 자신의 이야기를 듣는 것을 무척 좋아합니다. 자신의 모습을 이야기해 주는 부모를 통해 자신이 사랑받고 있는 존재임을 느끼게 됩니다. 사진 보기 활동을 하면서 자녀의 모습이 얼마나 사랑스러웠는지를, 엄마 아빠가 얼마나 기뻤었는지를 이야기 해주세요. 특히 이런 경험을 통해 과거 부모와 친밀감을 느끼지 못했던 자녀는 부모와 관계 회복의 첫 단추를 끼우는 효과를 얻게 됩니다.

## 함께 해 BoA요! 꿈 표현하기

● 준비물 : 자녀가 좋아하는 표현도구(점토찰흙, 그림도구, 레고, 콜라쥬 위한 잡지 등)

### 왜 하나요?

아이가 갖고 있는 자신의 꿈에 대한 관심이나 정보를 알고 있는 정도를 파악하기 위한 활동입니다.

### 어떻게 하나요?

✔ 자녀가 '꿈'이나 '미래' 하면 떠오르는 것을 자신이 잘 하는 방식(찰흙, 그림, 레고, 관련 책 소개 등)으로 표현해 보게 합니다.

✔ 활동을 하는 동안 다음과 같은 질문을 나누어 보세요.

"뭐하는 모습이야?"

"이것을 해서 어떤 사람이 되고 싶어?"

부모TIP

### 꿈 표현을 어려워할 수도 있어요.

☞ 정답이 있는 것이 아니므로 자녀가 표현하기 쉬운 방식으로 편하게 하도록 격려합니다. 만약 '아는 게 없다, 모르겠다'고 할 경우 그냥 넘어가 주시면 됩니다.

### 억지로 해내기보단 자연스럽게!!!

☞ 진로 활동을 본격적으로 진행하기에 앞서 우선되어야 할 기본 태도는 '부모-자녀 관계'에 큰 갈등이 없어야 한다는 점입니다. 즉 자녀가 부모와 함께 활동하는 것에 대한 거부감이 적어야 자발적으로 진로 활동을 하며 자기의 미래를 생각해 볼 수 있게 됩니다. 만약 자녀가 부모와 함께 활동하는 것을 꺼려한다면 아이에게 억지로 시키는 것 보다 아이가 원하는 것을 할 수 있는 시간을 주고 그것을 살펴보는 것이 좋습니다.

### "커서 뭐가 되고 싶어?"에서 질문을 그치지 마세요.

☞ 자신의 꿈을 '명사형'에 그치지 않고 '동사형' 또는 '형용사'로 이야기 하도록 도와주세요. '무엇'이라는 명사형은 그 '무엇'을 성취하면 더 이상 꿈을 꾸기 어렵다고 느낄 수 있습니다. 예를 들어 만약 과학자가 꿈이라면 "어떤 과학자가 되고 싶어?", "과학자가 되어 하고 싶은 게 무엇이야?" 등 '어떤(형용사) 000(직업명)가 되고 싶어', '000(직업명)가 되어 ~ 하고 싶어(동사형)'로 말하도록 유도해 주세요.

### 6장의 활동과 비교해보세요.

☞ 지금 꿈을 표현했던 결과물을 작품이나 사진 등 포트폴리오 형식으로 보관해주세요. 그리고 마지막 장 활동 중 <미래 보물지도 만들기> 활동을 할 때 비교해보세요. 자신이 가지고 있던 꿈이 진로탐색 활동을 통하여 구체화된 결과물을 보게 되면 진로 준비에 대한 자발적 관심과 자신감이 생기게 됩니다.

## 좋아하는 일을 직업으로 선택한 사람이 성공합니다

흔히 우리는 어떤 일을 하면서 '재미가 있다, 없다' 또는, '관심이 있다, 없다'라는 표현을 합니다. 재미있고 관심 있는 일은 누가 시키거나 어떤 보상을 주지 않더라도 시간 가는 줄 모르고 몰입하게 됩니다. 아이가 특별히 좋아하는 활동을 할 때의 모습, 그림을 그리거나 노래를 부르거나 운동을 하거나, 아이들마다 다르겠지만 공통적으로 보여주는 즐거워하는 모습을 떠올려 보세요. 그 때 보이는 아이의 기쁨, 열정, 몰입의 에너지를 '흥미'라고 보면 됩니다.

어떤 아이는 놀이터에서 뛰어 노는 것을 좋아하지만, 어떤 아이는 도서관에서 책을 읽는 것을 더 좋아합니다. 서로 다른 흥미를 가지고 있는 것이지요. 흥미를 가지고 어떤 일을 하는 것과 아무런 흥미 없이 의무감으로 하는 일의 결과는 큰 차이가 있습니다. 흥미는 아이들이 무엇을 어떻게 하느냐를 결정짓는 마음의 힘이기 때문입니다. 흥미가 발휘하는 파급효과가 매우 크기 때문에 학업뿐 아니라 직업 선택에 있어서도 높은 흥미를 가진 일을 선택하는 것이 더 좋은 결과를 가져오리라는 것을 쉽게 예상해 볼 수 있습니다.

특히 '직업 흥미'라고 할 때는 일반적 의미의 관심거리, 재미와는 달리 특정 직업과 활동에 호의적이고 수용적인 관심과 태도를 갖는 것을 말합니다. 직업흥미는 아이들이 성장해가면서 상급학교 진학에서 경험하게 되는 계열선택 및 학과 선택, 직업 선택의 결과에 대해 얼마나 만족을 얻을지 예측하는 데 중요한 요인입니다. '흥미'가 뿌린 씨앗에 '열정'과 '노력'을 더하면 선택한 직업분야에서 전문성을 인정받거나 성공한 직업인이 될 수 있고, 무엇보다 자신이 선택한 직업에 만족감과 자부심을 갖게 됩니다.

## 내 아이가 좋아하는 일을 찾아보세요 - 직업 흥미 유형 알아보기

언어소통이 어려운 유아나 아동들의 경우 무엇을 좋아하고 어떤 일에 관심을 보이는지를 알려면, 아이가 자주 하는 놀이나 좋아하는 장난감, 책 등을 살펴보는 게 큰 도움이 됩니다. 글을 읽을 수 있는 학령기 이후 아이들의 경우에는 다양한 체크리스트나 심리검사를 통해 아이가 좋아하는 일, 즉 '직업흥미 유형'을 알아볼 수 있습니다.

미국의 Holland라는 심리학자는 사람들의 '직업흥미유형'을 현장형(R), 탐구형(I), 예술형(A), 사회형(S), 진취형(사업형, E), 관습형(사무형, C)의 여섯 가지로 구분했습니다. 이 중 점수가 높게 나오는 유형을 통해 아이들이 어떤 직업분야에 관심을 갖고 있는지 알 수 있으며, 또 반대로 싫어하거나 별로 관심을 갖고 있지 않은 직업분야는 무엇인지에 관한 정보를 얻을 수 있습니다. 사람마다 6가지 분야 모두에 조금씩 관심이 있을 수 있지만, 가장 점수가 높은 유형의 분야에 관심과 흥미가 많다고 해석합니다.

같은 유형에 속하는 사람들은 흥미, 성격 등에 있어서 유사한 특성을 나타냅니다. 따라서 점수가 높게 나온 유형과 연관이 있는 활동이나 직업분야들을 중심으로 자녀의 진로를 탐색해보면 자녀가 흥미를 가질 수 있는 직업분야에 대한 정보를 얻을 수 있습니다.

반대로 점수가 낮게 나온 유형에 대해서는 관심이 아예 없거나 싫어하는 분야일 가능성이 높기 때문에 진로결정 시 그 분야를 제외해나가면서 선택의 범위를 좁혀나갈 수 있습니다. 즉, 검사의 각 유형별 점수를 참고로 하여 좋아하는 것은 선택하고, 싫어하는 것은 하나씩 지워 나가다 보면 자신의 흥미에 맞는 직업을 선택할 가능성이 높기 때문에 Holland의 직업흥미유형 검사는 초중고, 대학생 및 성인의 진로탐색에 폭넓게 활용되고 있습니다.

부모가 같은 검사를 해보고 함께 진로 정보를 찾아가면서 아이의 입장에서 진로탐색의 길을 동행해준다면 아이들에게 큰 힘이 될 것입니다. 관심 있는 직업이 있다면 그 직업의 성향이 아이의 흥미유형과 잘 맞는지 비교해보세요. 하지만 각각의 직업이 반드시 하나의 흥미유형으로만 되어 있지는 않습니다. 직업에 따라서는 2, 3개의 유형이 결합하여 관련되기도 합니다. 오직 하나의 유형만을 생각하여 직업이 자신의 흥미에 맞는지 여부를 판단하지 않도록 주의해야 합니다.

## 우리 아이는 어떤 유형?

R : 현장형

- 사물, 도구, 기계 및 동물들에 관심이 많아요
- 명확하고 질서정연하며 체계적인 조작이 필요한 활동을 좋아해요
- 솔직하고, 말이 적으며, 고집스럽고, 실재적인 성향이 있어요
- 대표 직업 : 기술자, 사육사, 농부, 운동선수 등

I : 탐구형

- 자연현상 혹은 사회문화적 현상을 관찰·조사·분석하는 활동을 좋아해요
- 반복적이거나 사교적인 활동을 싫어하는 경향이 있어요
- 호기심이 많고, 학구적이며, 비판적이고, 신중한 성향이에요
- 대표 직업 : 의사, 교수, 학자, 연구원 등

A : 예술형

- 상상력과 감수성이 풍부하며, 자유분방하고, 개방적이에요
- 변화와 다양성을 좋아하고, 예술적 창조와 표현 활동을 즐겨요
- 틀에 박힌 것을 싫어하고, 체계적이고 구조화된 활동에는 흥미가 없어요
- 대표 직업 : 작곡가, 무대감독, 배우, 작가, 미술가, 무용가, 디자이너 등

S : 사회형

- 사람들과 어울리기를 좋아하고, 친절하고, 이해심이 많아요
- 타인의 문제를 도와주고, 치료하고, 봉사하는 걸 좋아해요
- 기계, 도구를 활용하는 활동에는 관심이 적어요
- 대표 직업 : 사회복지사, 교사, 간호사, 상담가, 언어치료사, 성직자 등

E : 진취형

- 야심적, 외향적, 낙관적, 열성적 경향이 강해요
- 통솔력과 리더십이 강하고 말을 잘 하는 편이에요
- 대표 직업 : CEO, 정치가, 판사, 영업사원, 아나운서, 연출가 등

C : 사무형

- 정확하고, 빈틈이 없고, 조심성이 많으며, 계획성과 책임감이 강해요
- 정해진 원칙과 계획에 따라 자료를 기록, 정리, 조직하는 일을 좋아해요
- 창의적·자율적·모험적·비체계적인 활동은 좋아하지 않아요
- 대표 직업 : 공인회계사, 은행원, 세무사, 경리, 사서, 법무사, 공무원 등

출처: 『선생님! 진로상담이 필요해요!』(한국고용정보원, 2007)

## 함께해 BoA요! 나의 흥미유형검사

● 준비물 : 직업흥미유형 검사 활동지

### 왜 하나요?

자녀 스스로 흥미 유형을 구체화하고, 관련된 직업에 대해서 살펴봅니다. 부모가 생각하는 자녀의 흥미유형과 자녀가 직접 실시한 직업흥미 유형 비교를 통하여 자녀와 부모의 차이에 대해서 확인합니다.

### 어떻게 하나요?

✔ 자녀가 스스로 흥미유형 검사를 실시할 수 있도록 도와줍니다.

✔ 부모는 검사를 통해 본인의 흥미유형과 자신이 본 자녀의 흥미유형을 함께 확인해봅니다.

✔ 유형별 특성과 직업에 대한 설명(p23)을 읽고, 자녀가 응답한 결과를 비교해보세요.

✔ 응답 결과를 서로 비교해보며, 차이점과 유사점에 대해서 이야기 나눠봅니다.

## 부모Tip

### 딱딱한 직업 내용을 쉽게 풀어서 설명해 주세요.

☞ 흥미유형검사에서는 자신이 흥미있어 하는 영역과 관련된 직업에는 무엇이 있는지 탐색해보는 단계입니다. 따라서 너무 직업을 어렵게 느끼지 않도록 설명해 주세요. 아이가 이해가 힘든 경우 풀어서 다음과 같이 설명해주시는 것도 좋습니다.
"이 검사는 네가 좋아하는 게 어떤 건지 좀 더 자세히 알아보는 활동이야."
"이건 나중에 네가 커서 직업을 알아보고 할 때 도움이 되는 거야."

### 부모님도 함께 해보세요.

☞ 아이뿐만 아니라 부모도 자신의 흥미유형을 알고 있으면 많은 도움이 됩니다. 아이와 흥미 유형이 유사한 경우는 문제가 없으나 만약 아주 다른 경우, 해당 직업에 대한 선입견이나 편견을 갖거나 막연하게 별로 좋지 않다는 생각을 가질 수 있는데, 이럴 경우 아이와 의견 충돌이나 갈등이 생길 수 있습니다. 서로의 직업 흥미 유형의 차이를 알고 있으면 이런 상황을 예방하고, 만약 갈등이 발생했을 때 잘 대처할 수 있습니다.
아이에게만 시키지 말고 지금부터라도 동반자로서 함께 진로를 개척해나가는 부모 역할을 시작해보는 건 어떨까요.

### 부모와의 차이점과 유사점을 비교해 보세요.

☞ 부모가 자녀를 보고 표시한 결과와 자녀 스스로 한 결과가 얼마나 일치하는지 아니면 얼마나 상이한지를 통해 자녀에 대한 부모의 이해정도를 파악할 수 있습니다. 상이점이 많다면 부모가 바라보는 자녀와 실제 자녀의 욕구에는 많은 차이가 있다는 것을 반영합니다. 부모의 생각을 자녀에게 강요하지 마시고 자녀의 욕구에 관심을 갖는 기회가 되기 바랍니다.

## ■ 직업흥미유형 체크리스트

♣ 다음의 질문들은 흥미유형을 알아보는 것입니다. 각각의 분야에 대해서 어느 정도 좋아하는지 해당되는 칸에 표시하세요.

1=전혀 그렇지 않다 2=별로 그렇지 않다 3=대체로 그렇다 4=매우 그렇다

**R (Realistic) 유형**

| 활 동 | 좋아한다 |
|---|---|
| 자동차와 관련된 일 | ① ② ③ ④ |
| 운동 등 몸을 움직이는 일 | ① ② ③ ④ |
| 동물을 돌보는 일 | ① ② ③ ④ |
| 모델을 조립하거나 만드는 일 | ① ② ③ ④ |
| 컴퓨터나 기계를 다루는 일 | ① ② ③ ④ |
| 실외에서 일하는 것 | ① ② ③ ④ |
| 점수 합계 | |

**I (Investigative) 유형**

| 활 동 | 좋아한다 |
|---|---|
| 퍼즐 맞추기 | ① ② ③ ④ |
| 실험하기 | ① ② ③ ④ |
| 과학과 관련된 연구하는 일 | ① ② ③ ④ |
| 수학문제 푸는 일 | ① ② ③ ④ |
| 관찰, 발견하는 일 | ① ② ③ ④ |
| 문제, 상황, 경향 등을 분석하는 일 | ① ② ③ ④ |
| 점수 합계 | |

**A (Artistic) 유형**

| 활 동 | 좋아한다 |
|---|---|
| 자율적으로 일하는 것 | ① ② ③ ④ |
| 예술 또는 음악에 대한 책을 읽는 것 | ① ② ③ ④ |
| 창조적으로 일하기 | ① ② ③ ④ |
| 그림 그리기 | ① ② ③ ④ |
| 악기를 연주하거나 노래하는 일 | ① ② ③ ④ |
| 글 창작하기 | ① ② ③ ④ |
| 점수 합계 | |

**S (Social) 유형**

| 활 동 | 좋아한다 |
|---|---|
| 사람들을 가르치거나 교육하는 것 | ① ② ③ ④ |
| 다른 사람의 문제해결을 돕는 것 | ① ② ③ ④ |
| 팀을 만들어 함께 일하는 것 | ① ② ③ ④ |
| 사람들을 편안하고 즐겁게 해주는 일 | ① ② ③ ④ |
| 사람들을 돕는 일 | ① ② ③ ④ |
| 사람들을 위로하기 | ① ② ③ ④ |
| 점수 합계 | |

**E (Enterprising) 유형**

| 활 동 | 좋아한다 |
|---|---|
| 자신의 목표를 세우는 것 | ① ② ③ ④ |
| 사람들을 설득하거나 영향을 주는 것 | ① ② ③ ④ |
| 물건 파는 일 | ① ② ③ ④ |
| 새로운 책임을 맡는 것 | ① ② ③ ④ |
| 연설하기 | ① ② ③ ④ |
| 지도자가 되는 것 | ① ② ③ ④ |
| 점수 합계 | |

**C (Conventional) 유형**

| 활 동 | 좋아한다 |
|---|---|
| 파일을 작성하거나 타이핑하는 일 | ① ② ③ ④ |
| 서류, 사무실 등을 정리하는 것 | ① ② ③ ④ |
| 하루 생활을 짜임새있게 계획하기 | ① ② ③ ④ |
| 명확한 지시사항이 있는 일 하기 | ① ② ③ ④ |
| 숫자나 차트를 이용하는 일 | ① ② ③ ④ |
| 사무실 안에서 일하는 것 | ① ② ③ ④ |
| 점수 합계 | |

* 가장 높은 점수가 나온 유형은 무엇입니까? 그 유형이 당신의 직업흥미유형이 됩니다

| 1순위 | | 2순위 | |
|---|---|---|---|

출처: 『내 꿈에 날개를 달자』(삼성사회정신건강연구소, 2011)

## 일상생활에서도 찾을 수 있어요

그렇다면 심리검사만으로, 아이들의 진로를 결정할 수 있을까요? 물론 가장 손쉬운 방법은 흥미검사나 적성검사 등의 심리검사를 통해 정보를 얻는 것입니다. 하지만, 심리검사만으로는 흥미와 적성을 찾기 힘들 때도 있고, 전문 상담가의 지도 없이 심리검사를 하는 것은 큰 도움이 되지 않거나 어설픈 해석으로 오히려 혼란을 가중시킬 수 있습니다. 특히 초등학교 아이들은 자신의 특성을 적절히 표현할 만큼 언어능력이 충분히 발달하지 못한 경우도 많고 심리검사라는 틀로 아이들의 잠재된 가능성을 제한할 우려도 있으므로 '심리검사 = 만능 처방전'이라는 생각은 버려야 합니다.

이럴 때에는 일상생활 속에서 아이의 흥미를 발견하고 직업과의 연관성을 찾는 연습을 해보는 것이 도움이 될 수 있습니다.

신문이나 TV에 나올 만큼 뛰어난 능력만이 직업과 연결되는 것은 아닙니다. 특히 성적이 좋지 못한 학생들은 자신들이 가진 능력에 대해 과소평가하고 진로 선택에 있어 위축될 가능성이 많습니다. 성적이 좋지 않더라도, 사소한 관심이나 장점을 찾아서 발전시켜나간다면 미래의 직업과 연결될 수 있고 대단한 능력이 될 수 있습니다. 개개인의 보물과도 같은 흥미와 적성을 발굴하는 과정은 초등학교 시기 진로탐색의 핵심적인 부분이 될 것입니다.

**책읽기와 글쓰기를 좋아한다면**
→ 방송작가, 소설가, 시인, 작사가, 출판물기획자, 카피라이터, 평론가 등 글을 쓰는 직업이나 방송사, 국어교사, 아나운서 등 언어와 관련된 직업

**동물이나 곤충을 잘 돌본다면**
→ 생명공학자, 의사, 애완동물 관리사, 동물조련사, 수의사 등 동물과 관련된 직업

**용돈 기입장과 다이어리를 꼼꼼히 잘 정리한다면**
→ 금융전문가, 회계사 등 숫자나 돈에 대한 개념과 논리적이고 치밀한 분석력이 필요한 직업

**집안의 전자 제품을 분해하기 좋아한다면**
→ 자동차, 스마트폰, 로봇 등 전자제품이나 기계를 개발하고 만드는 직업

**차분하게 친구들을 잘 챙기고 도와준다면**
→ 상담전문가, 심리치료사, 정신과 의사 등 타인에 대한 공감 및 경청 능력이 필요한 직업

**기발하고 엉뚱한 상상을 잘 한다면**
→ 창의적인 아이디어나 항상 새로운 것을 추구하는 광고 분야 또는 예술계통의 직업

함께해 BoA요!

## 잼(J.A.M.: Joy, Activity, Movement)통 만들기

● 준비물 : 자녀가 좋아하는 물건들, 투명 플라스틱 box

### 왜 하나요?

아이가 자신의 흥미 영역을 자신의 생활 장면에서 찾음으로써 자녀의 흥미를 확인할 수 있습니다.

### 어떻게 하나요?

✔ 부모가 자녀에게 집안에서 자신이 좋아하거나 원하는 것을 다 골라 오도록 합니다.

✔ 개수를 한정짓기보다는 아이가 원하는 대로 골라 오게 하면 됩니다. 단 선택을 어려워하는 자녀의 경우 적어도 3가지는 찾아보도록 해 주세요.

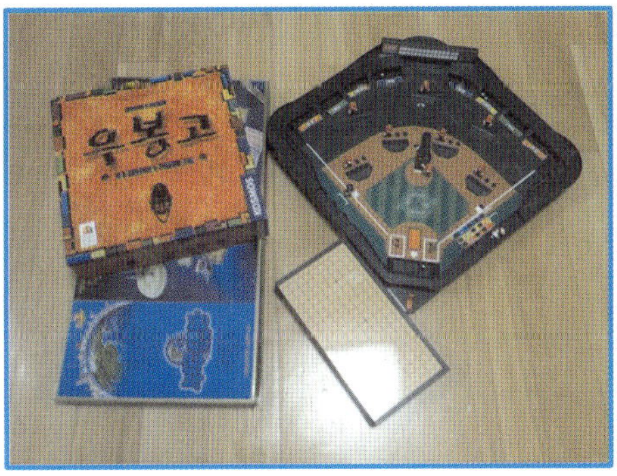

✔ 자신이 가져온 물건들을 가장 좋아하는 순서대로 나열해 보도록 합니다.

✔ 가져온 물건으로 어떻게 노는 게 좋은지, 혹은 어떤 점이 좋은지를 물어봐주세요. 같은 물건이라도 노는 방법에 따라 아이의 흥미가 다릅니다.

✔ 아이가 선택한 활동들의 공통점을 찾아 이야기해 보세요.

✔ 가져온 물건들을 투명 플라스틱 통에 넣어서 보관해주세요. (부피가 커서 들어가지 않거나, 박스에 넣을 수 없는 경우, 물건의 이름을 종이에 적어 넣어주세요)

<예시>

- 똑같이 곰인형을 가져왔다고 하더라도 어떤 아이는 동생처럼 돌보는 것을 즐기고 어떤 아이는 곰인형과 싸우는 것을 즐깁니다. 한 아이는 관계 욕구를, 다른 아이는 공격 욕구를 표현하는 것입니다. 전자는 사회적 관계 욕구가 높을 가능성이 많고 후자는 큰 움직임의 활동과 경쟁 욕구가 높을 수 있습니다.
- 책을 가져온다면 어떤 종류의 책인지, 책의 어떤 점을 좋아하는지(작가, 그림, 내용, 책 디자인, 글씨체 등)에 따라 관심 영역이 다를 수 있습니다.

## 부모 Tip

### JAM통은 아이의 꿈통입니다.

☞ JAM 통은 아이들의 '꿈통'의 상징물입니다. 이러한 구체적인 사물은 시각적으로 보여지기 때문에 사고 활동이 성장하고 있는 학령기 자녀들에게 꿈에 대한 이해를 높여 줍니다.

☞ 마음 속에 간직했던 아이들의 좋아하는 활동을 구체물(실물 또는 그림, 단어 등)로 표현함으로써 자의식 형성에 도움이 됩니다.

☞ JAM통으로 꿈이 시각화되면서 아이는 물론 부모도 아이의 꿈에 대해 지속적인 관심을 갖게 됩니다.

☞ JAM통의 내용(자녀가 좋아하는 활동들)이 서로 연결되어 만들어 질 수 있는 꿈을 생각해 볼 수 있습니다.

☞ JAM 통의 표면이나 뚜껑에 원하는 직업을 적어보면서 자신이 미래를 꿈꾸어 갑니다.

### JAM통을 다양하게 활용하세요.

☞ JAM통의 크기나 내용물은 아이가 결정하도록 선택권을 주세요.

☞ JAM통은 밖에서 볼 수 있는 투명 플라스틱이 좋습니다.

☞ JAM통의 내용 변화는 언제든 가능합니다.

☞ 충분히 경험한 후 싫증이 나거나 더 이상 흥미가 생기지 않은 활동을 뺄 수도 있습니다. 마찬가지로 새롭게 흥미가 생긴 활동을 첨가하여 넣을 수도 있습니다.

### 아이의 선택을 인정해주세요!!!

☞ 이 활동에서 가장 우선시 되어야 하는 것은 부모가 자녀에게 '선택권'을 허락하는 것입니다. 자녀가 원하는 것을 선택하는 것에 주저함이 많다면 자녀가 자기 주장을 하는 것이 어려운 것입니다. 부모가 의도적으로 하루에 한 가지씩 원하는 것을 물어 봐주고 아이가 자신의 요구가 수용되는 경험이 누적되어야 자신이 좋아하는 것이 무엇인지를 알 수 있습니다.

☞ 아이가 선택을 어려워 한다면 부모가 일상생활에서 관찰한 모습을 알려주세요. 동물이나 곤충을 잘 돌보는지, 돈 관리를 철저히 하는지, 집안의 가전 제품을 분해하는 것을 좋아하는지, 친구들을 챙기고 돕는 것을 좋아하는지 아니면 친구들과 기발하게 노는 아이디어를 잘 만들어 내는지 등을 관찰해보세요. 이러한 모습들이 자녀의 흥미 영역과 관련성이 높으니까요.

함께 해 BoA 요!

## 동영상 보고 이야기 나누기

- 제목 : <인생은 마라톤이 아니다>
- 출처 : 리크루트 회사 광고
- 내용 : 인생은 마라톤처럼 선수 모두가 같은 목표를 향해 달리는 것과 달리 사람마다 결승 지점이 다르다는 영상

*** 부모나래 블로그(blog.naver.com/bumo_narae)를 통해 시청하실 수 있습니다.

### 왜 하나요?

사람마다 좋아하는게 서로 다르고, 각자 자신의 길을 향해 달릴 수 있다라는 사실을 알려줍니다. 부모도 자녀가 원하는 것, 흥미있어 하는 것을 존중해주겠다는 부모의 마음을 전달합니다.

### 어떻게 하나요?

✔ 동영상을 보고 느낀 점을 자유롭게 이야기 나눕니다.

부모TIP

중요한 message를 꼭 알려주세요.

☞ '사람마다 각자 좋아하는 게 서로 다르다.'

'사람마다 자기가 좋아하는 것에서 자기 길을 찾는다'

이처럼 "사람들은 각자 좋아하는 것도 다르고, 각자 가고자 하는 길도 다르기 때문에 자녀가 원하고, 자녀가 달리고 싶은 길을 찾는 것이 진로 탐색에서 중요하다"는 것을 알려주세요.

## ■ 직업카드게임 놀이

직업 및 진로지도 전문가, 교육 관련 전문가의 추천과 초등학생의 선호직업을 고려하여 최종 선정된 63개의 직업 카드로 구성.
아는 직업과 모르는 직업으로 분류하기, 싫어하는 직업과 좋아하는 직업· 어느 편도 아닌 직업으로 분류하기, 싫어하는(좋아하는) 직업을 이유에 따라 분류하기, 부모님이 원하는 직업과 자신이 원하는 직업 비교하기 등 매뉴얼에 따라 다양한 카드게임을 즐길 수 있다.

▷ 인터넷 및 대형 서점 등에서 구입 가능

초등학생부터 고등학생까지 활용할 수 있는 진로카드 세트. 매뉴얼을 참고하면 혼자서 혹은 친구나 엄마와 함께 다양한 게임을 할 수 있다. 카드 앞면에는 직업명과 직업에 대한 소개, Holland 유형 등이 적혀 있고 뒷면에는 그 직업에 어울리는 성격과 능력이 적혀 있어 놀이를 통해 자연스럽게 흥미와 직업에 대해서 익힐 수 있다.

▷ 한국 가이던스 홈페이지에서 구입 가능
(www.guidance.co.kr)

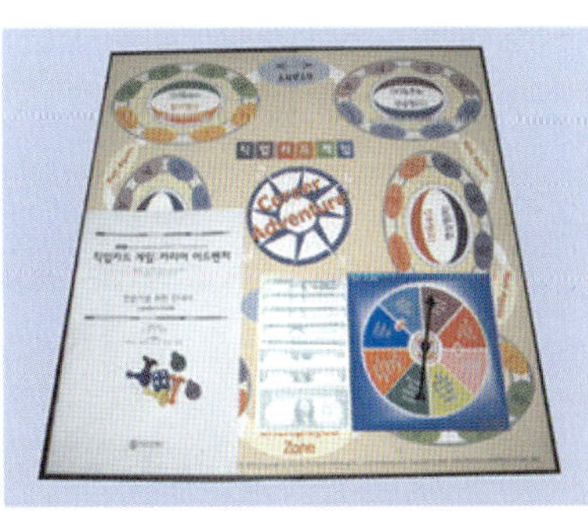

진로탐색과 직업교육을 위한 한국판 홀랜드유형 직업카드게임 <기리이 어드벤처>. 초등학교 고학년에서 일반 성인까지 2~8명이 다양 방법으로 게임을 즐길 수 있다.

▷ 센서리트레인 홈페이지에서 구입 가능
(http://www.sensorytrain.com)

## ■ 온라인 진로교육 프로그램

◇ 아로주니어(초등 1~3학년)와 아로주니어 플러스(4~6학년용)

게임용 플래시로 제작, 흥미와 적성에 대한 검사를 게임처럼 재미있게 해볼 수 있으며 플래시를 따라가다 보면 직업의 중요성과 직업정보, 진로계획세우기도 해 볼 수 있다.(www.career.go.kr)

## ■ 도움되는 자료

◇ Holland 직업적성 백과사전(한국가이던스/MBC, 2011)

RIASEC 직업 코드에 따라 전 6권으로 구성. 아이의 흥미유형에 따라 낱권으로 구입하여 참고할 수 있다.

▷ 한국가이던스 홈페이지(www.guidance.co.kr)에서 구입 가능

◇ MBC '재능무한대' DVD 시리즈-초등용(한국가이던스/MBC, 2011)

총 6개 직업이 소개되고 있으며 12장의 DVD가 1세트로 구성.

직업별로 성공한 멘토가 직업을 위한 기초 소양 준비에 대한 정보를 알려 주기 때문에 진로에 대해 직접 체험을 하기 어려운 아이들이 자신의 성격유형에 맞는 직업을 간접적으로 체험하고 이해할 수 있다.

▷ 한국가이던스홈페이지( (www.guidance.co.kr)에서 구입 가능

MEMO

## 쉼표

물에 들어가면 다 풀어질 것을 무슨 각을 잡고 그러니?
소금 닮았다는 소리 지겨워서.
각소금은 없잖아.

나에겐 나만의 각이 있어야 한다.

-정철, 『학교 밖 선생님 365』, 리더스북, 2011에서-

### 각설탕_나만의 각

'개성 시대'라지만 우리가 얼마나 개성껏 살고 있는지 자주 의문이 듭니다.
서로를 따라하면서 모두가 비슷해지고,
유행의 물결에 이리 저리 함께 휩쓸려 다닙니다.
TV나 인터넷, SNS 덕분인지
사고와 문화의 획일성이 커졌다는 우려의 목소리도 들립니다.

친구들이 입는 건 나도 입어야 하고,
보는 TV 프로그램이나 듣는 음악도 비슷합니다.
권장도서를 읽다보니 읽는 책도 거기서 거기지요.

같은 유행어나 은어를 공유하면서 표현방식도 비슷해집니다.
좀 다르다 싶은 아이들은 또래문화에 섞여들지 못하고
겉돌거나 배척을 당할 때도 있습니다.
'우리'와 같지 않은 사람에 대해서는 마음을 주지 않는 것도 모자라
끔찍한 폭력을 행사하기도 합니다.

부모들도 마찬가지입니다.
남들 하는 건 우리 아이도 하고 있어야 마음이 놓입니다.
'내 아이만 뒤떨어지는 거 아닌가' 늘 노심초사 불안하다보니
남들이 하는 얘기에 쉽게 솔깃하고 남들 가는 대로 덩달아 휩쓸리기 쉽습니다.
무엇은 언제부터 배우고, 어디서 어떻게 배워야 할지
남들 답을 허겁지겁 따라하는 부모들이 적지 않습니다.
다른 사람에게는 정답이 내게는 아닐 수도 있는데 말이지요.

남들처럼 해서는 나만의 각이 안 나옵니다.
고만고만하게 서로 비슷해질 뿐이지요.

나와 내 아이는 무엇으로 '나만의 각'을 만들지 고민해보세요.

✓ 아이가 잘 하는 게 없다구요?

✓ 다중지능으로 아이의 강점을 찾아보세요

✓ 초등학생들이 할 수 있는 적성검사는 없다?

2
Chapter

# 아이 안에 숨겨진 특별한 능력을 찾아보세요

# 아이 안에 숨겨진 특별한 능력을 찾아보세요

## 아이가 잘 하는 게 없다구요?

아이가 좋아하는 것, 잘 하는 것을 찾아보라고 할 때, 부모들은 흔히 "우리 애는 특별히 잘 하는게 없는데요."라고 말합니다. "국어는 잘 하는데, 수학에는 영 소질이 없는 것 같아요"라고 하기도 합니다. 어떤 일에 알맞은 자질이나 능력을 '적성'이라고 부르는데, 이는 지금 잘 하는 것 뿐만 아니라 앞으로 잘 할 수 있는 잠재 능력까지도 포함합니다.

적성은 다양한 분야에서 적용될 수 있는데, 영어나 수학을 잘 한다고 할 때는 '학업적성', 그리고 운동, 미술, 음악 등은 '예체능 적성'으로 구분하여 부르기도 합니다. '직업적성'은 특정한 직업이나 일을 수행하는 데 필요한 능력입니다.

김연아 선수같이 운동을 잘 하거나, 소프라노 조수미처럼 노래를 잘 불러야만 그 분야에 '적성'이 있는 것은 아닙니다. '적성'은 대단하고 뛰어난 능력뿐만 아니라 일상생활에서 발견할 수 있는 사소한 장점들도 포함합니다. 예를 들어, 십자수를 잘 하는 아이에게선 꼼꼼함이나 세밀한 손재주, 그리고 끝까지 마무리하는 인내심이나 끈기 등의 능력, 곧 적성을 발견할 수 있습니다.

무한한 가능성을 가진 우리 아이들이기 때문에, 현재 가진 능력에만 한정해서 직업을 찾는 것은 조금 성급한 결론일 수 있습니다. 지금 어느 정도의 능력을 가지고 있는가 보다는 앞으로 어떻게 그 능력을 개발해 나갈 것인가에 초점을 맞추는 것이 중요합니다

## 함께해 BoA요! 내가 최고!!

● 준비물 : JAM통(좋아하는 활동들이 담긴 플라스틱 통), 활동지

### 왜 하나요?

앞서 실시한 자녀의 흥미 영역 중 자녀 스스로 잘한다고 느끼는 것이 어떤 것인지 살펴보고, 흥미와 적성의 관계에 대해서 생각해보게 됩니다.

### 어떻게 하나요?

- ✔ JAM 통에서 좋아하는 활동을 꺼내봅니다.
- ✔ 이 중 가장 잘 하는 것을 골라 순위를 매깁니다.
- ✔ 시상대나 금은동 메달로 꾸며봅니다.
- ✔ 앞으로 잘 하고 싶은 영역이 무엇인지를 말해보고 '미래의 시상식'을 꾸며봅니다.

### 부모 Tip

**자녀의 선택권을 존중해 주세요.**

☞ 이 활동에서 흥미 활동처럼 능력을 평가하는 것도 아동 스스로 하게 합니다. 부모가 보기에 잘하는 것과 자녀가 선택하는 것이 달라도 이 활동에서는 자녀의 선택을 인정해줍니다.

**잘 하는 영역 또는 잘하고 싶은 영역을 자랑하게 해 주세요.**

☞ 좀 더 잘 하고 싶은 영역을 구체화 시켜주면, 자신의 꿈을 이루기 위해 더 노력할 수 있는 원동력이 됩니다. 특별히 더 잘 하고 싶은 영역은 없다거나 현재 순위를 유지하고 싶다고 한다면 이 또한 수용해주고 지지해 주는 것이 필요합니다.

# 내가 최고

## 다중지능으로 아이의 강점을 찾아보세요.

하버드대 교육학과 교수인 H. 가드너는 지능을 '문제를 해결하고 새롭고 가치있는 것들을 만들어내는 능력'이라고 정의합니다. 인간의 지능은 언어 지능, 논리수학 지능, 인간친화 지능, 자기성찰 지능, 공간 지능, 음악 지능, 신체 운동 지능, 자연 지능의 8가지로 나뉩니다.

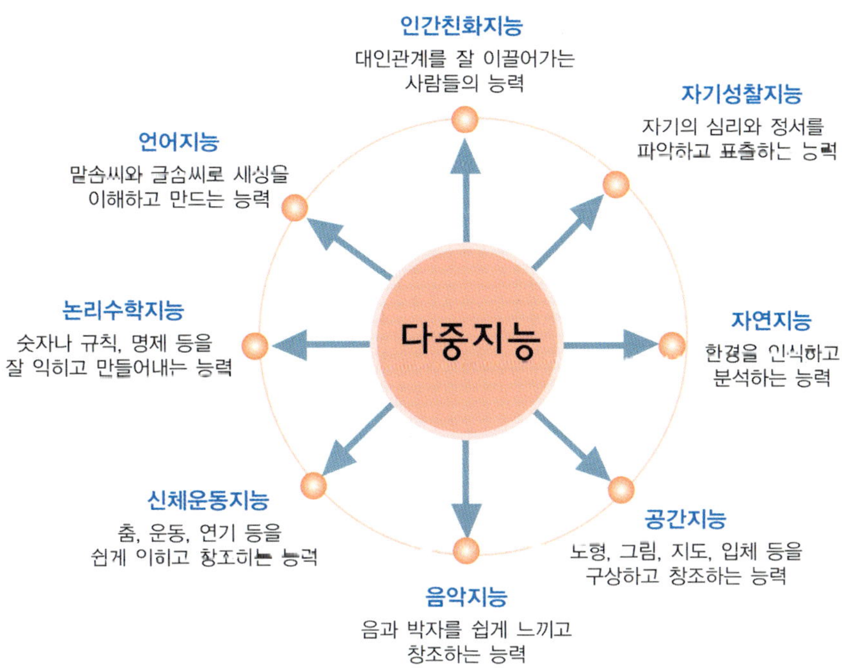


다중 지능 이론에서는 지능의 총점 즉, 지능 지수는 큰 의미가 없습니다. 사람에 따라 8개의 지능이 다 높을 수도 있지만, 어떤 지능은 높고 어떤 지능은 낮을 수도 있습니다. 즉, 사람마다 강점과 약점이 다르다는 말입니다. 자신의 강점 지능을 알고 이 분야를 계속 개발시키는 것이 중요합니다. 반대로 상대적으로 부족한 부분에 초점을 맞추고, 이를 채우기 위해 못하는 것을 자꾸 나무라며 아이를 주눅 들게 하면 아이는 자신이 잘하는 분야에서조차 성공할 수 없게 됩니다.

적성과 직업 만족도의 관계는 설문조사에서도 잘 나타납니다. 많은 사람들이 선망하는 직업을 가진 사람들조차 자신의 강점지능과 일치하지 않는 경우에는 직업에 대한 불만이 많아지고 이직을 희망하기도 합니다. 신기한 것은 이들의 강점지능이 현재 직업이 아닌 이직을 희망하는 직업과 일치했다는 점입니다. 현재 직업을 선택할 때 자신의 강점 지능을 고려하지 않았기 때문에 만족을 할 수 없었던 것입니다.

자신의 직업에서 성공한 사람들은 강점지능과 현재직업이 일치할 가능성이 큽니다. 성공한 사람들에게서 발견되는 또 다른 공통점은 자기성찰지능이 높다는 점입니다. 자기성찰능력을 가지고 있으면 자신의 욕망, 재능, 두려움 등을 잘 다루어 효과적인 삶을 살 수 있으므로 무엇을 하든 자기 일을 해 나가는데 도움이 됩니다.

Tip

### 다중지능을 알면 성적이 오른다?!

하버드대에서는 다중지능 이론을 적용한 41개 학교를 대상으로 학업성취도를 조사하였는데 학업 성적은 78%, 학업 태도는 81%, 학부모 참여도는 80%가 향상되는 결과가 나왔습니다.

다중지능 이론을 적용한 한 학교의 교장은 하루에 좋아하는 수업이 하나라도 있으면 거기서부터 시작할 수 있다고 말합니다. 예를 들면 음악을 잘하는 아이는 수학공식을 노래로 만들어 외우는 등 다른 수업에서도 음악을 활용해서 학습효과를 높일 수 있습니다.

(출처: EBS 다큐프라임, 아이의 사생활 4부 '다중지능')

## 다중지능으로 알아보는 나의 직업

| 지능 | 특징 | 유망 직업 |
|---|---|---|
| 언어 지능   | • 언어적(말이나 글) 표현에 능하고 잘 기억<br>• 타인을 설득하거나 즐겁게 함 | 시인, 소설가, 정치가, 변호사, 방송인, 기자, 개그맨 |
| 논리수학 지능 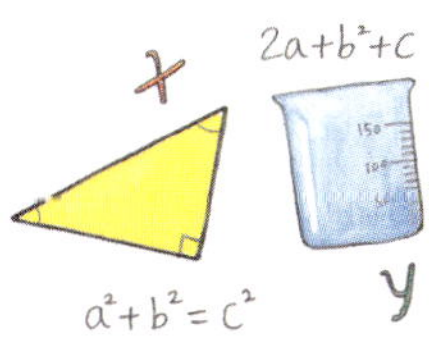  | • 수학문제를 잘 품<br>• 논리적 추론이나 분석에 강함 | 수학자, 회계사, 통계학자, 법률가, 컴퓨터 프로그래머, 과학자 |
| 인간친화 지능  | • 타인을 잘 이해, 공감<br>• 대인관계를 잘 이끌어나감 | 교사, 심리치료사, 사업가, 영업사원, 정치가 |
| 자기성찰 지능  | • 자신의 감정과 능력을 잘 인식하고 활용 | 성직자, 정신분석학자, 예술가, 명상가 |
| 공간 지능  | • 새로운 물건을 만들고, 보기좋게 배치<br>• 낯선 곳에서 길을 찾는데 필요한 능력 | 조종사, 디자이너, 건축가, 조각가, 바둑기사, 그래픽 아티스트, 가이드, 발명가 |

| | | |
|---|---|---|
| 음악 지능  | • 노래를 부르거나 악기를 다루고, 새로운 곡을 창작, 감상하는 능력 | 가수, 연주가, 작곡가, 음악비평가 |
| 신체운동 지능  | • 춤, 운동, 연기 등 특정한 몸의 움직임을 익히고 창조하는 능력 | 무용가, 배우, 운동선수, 공예가, 조각가, 외과의사 |
| 자연친화 지능  | • 식물이나 동물, 환경에 관심을 가지고 분류, 탐구하는 능력 | 식물학자, 동물학자, 조련사, 수의사, 지질학자 |

함께해 BoA요!

# 나의 다중지능검사

● 준비물 : 다중지능검사

## 왜 하나요?

자녀가 잘하는 영역이 무엇인지 객관적인 자료를 통해 확인합니다. 검사 결과와 실제 자기가 잘한다고 생각했던 것과 비교해서 살펴봄으로써 잠재 능력이 잘 발휘되고 있는지 알 수 있습니다.

## 어떻게 하나요?

✔ 자녀가 스스로 다중지능 검사를 실시할 수 있도록 도와줍니다.

✔ 부모는 검사를 통해 본인의 다중지능 영역과 자신이 본 자녀의 다중지능 영역을 함께 확인해봅니다.

✔ 다중지능과 직업에 대한 설명(p45)을 읽고, 자녀가 응답한 결과를 비교해보세요.

a. 자녀의 강점 지능영역과 실제 학과목 수행과 관련이 있는지도 살펴보세요.

b. 강점 지능에서 자녀가 좋아하는 활동을 찾아보세요. 만약 없다면 강점 지능 영역에서 자녀가 시도해볼 만한 활동들은 무엇이 있는지 함께 찾아보세요.

✔ 응답 결과를 서로 비교해보며, 차이점과 유사점에 대해서 이야기 나눠봅니다.

### 부모TIP

**다중지능 검사에 대해 자녀에게 쉽게 설명해 주세요.**

☞ 사람의 능력을 IQ 또는 숫자로 판단해버리는 편견을 넘어서 사람은 누구나 강점을 갖고 있고 이를 강화시키는 것이 중요하다는 것을 알려주세요. 8가지 능력 중 잘하는 능력(강점 영역)을 찾아 그 점을 계발하는 것이 잘 해낼 가능성이 높다는 점을 알려줍니다.

**자녀의 강점 영역을 키워주세요**

☞ 강점 영역임에도 실제 학교에서 수행이 제대로 되지 않는다면 자녀가 충분히 자신의 잠재 능력을 발휘하지 못한다는 것입니다. 제대로 발휘되지 않는 이유를 좀 더 관찰해 보시고 함께 이야기 나눠보세요.

## ■ 초등학생용 다중지능 검사

♣ 다음의 질문들은 다중지능을 알아보는 것입니다. 각각의 질문에 대해서 나에게 해당되는 칸에 표시하세요.

1=전혀 그렇지 않다 2=별로 그렇지 않다 3=대체로 그렇다 4=매우 그렇다

| | 문 제 | 점 수 |
|---|---|---|
| 1 | 나는 다른 사람보다 말을 잘한다. | ① ② ③ ④ ⑤ |
| 2 | 어떤 일이든 실험하고 검증하는 것을 좋아한다. | ① ② ③ ④ ⑤ |
| 3 | 취미생활로 악기연주나 음악 감상을 좋아한다. | ① ② ③ ④ ⑤ |
| 4 | 손으로 물건을 만들고 그림을 그리는 것을 좋아한다. | ① ② ③ ④ ⑤ |
| 5 | 운동경기를 보면 운동선수들의 장단점을 잘 찾아낸다. | ① ② ③ ④ ⑤ |
| 6 | 친구나 가족들의 고민거리를 들어주거나 해결하는 것을 좋아한다. | ① ② ③ ④ ⑤ |
| 7 | 나 자신을 되돌아보고 앞으로의 생활을 계획하는 것을 좋아한다. | ① ② ③ ④ ⑤ |
| 8 | 자동차에 관심이 많고 각각의 공통점과 차이점을 잘 알고 있다. | ① ② ③ ④ ⑤ |
| 9 | 글을 읽을 때 어색하거나 틀린 문장 또는 단어를 잘 찾는다. | ① ② ③ ④ ⑤ |
| 10 | 수학이나 과학 과목을 좋아한다. | ① ② ③ ④ ⑤ |
| 11 | 악보를 보고 노래를 비슷하게 부를 수 있다. | ① ② ③ ④ ⑤ |
| 12 | 길이나 넓이를 어림짐작하여 정확하게 알아맞힌다. | ① ② ③ ④ ⑤ |
| 13 | 평소 몸을 움직이며 활동하는 것을 좋아한다. | ① ② ③ ④ ⑤ |
| 14 | 친구들의 어려움을 알 수 있다. | ① ② ③ ④ ⑤ |
| 15 | 나의 건강상태나 기분, 컨디션 등을 알 수 있다. | ① ② ③ ④ ⑤ |
| 16 | 옷이나 가방을 보면 어떤 상표인지 알 수 있다. | ① ② ③ ④ ⑤ |
| 17 | 나의 어렸을 적 꿈은 작가나 아나운서였다. | ① ② ③ ④ ⑤ |
| 18 | 다른 사람의 말 속에서 잘못된 부분을 찾아낼 수 있다. | ① ② ③ ④ ⑤ |
| 19 | 다른 사람의 연주나 노래를 들으면 부족한 점을 알 수 있다. | ① ② ③ ④ ⑤ |
| 20 | 다른 사람의 그림을 보고 잘했는지 평가할 수 있다. | ① ② ③ ④ ⑤ |
| 21 | 어떤 운동이라고 몇 번만 하면 잘할 수 있다. | ① ② ③ ④ ⑤ |
| 22 | 다른 사람들로부터 다정하다는 말을 자주 듣는다. | ① ② ③ ④ ⑤ |
| 23 | 내 생각이나 감정을 상황에 맞게 잘 조절할 수 있다. | ① ② ③ ④ ⑤ |
| 24 | 동물이나 식물에 대하여 잘 알고 있다. | ① ② ③ ④ ⑤ |
| 25 | 글을 조리있고 설득력있게 잘쓴다는 말을 자주 듣는다. | ① ② ③ ④ ⑤ |
| 26 | 학교생활에서 생기는 문제를 해결하는 방법을 알고 있다. | ① ② ③ ④ ⑤ |

| | 문 제 | 점 수 |
|---|---|---|
| 27 | 다른 사람과 노래를 할 때 화음을 넣을 수 있다. | ① ② ③ ④ ⑤ |
| 28 | 방을 꾸미는 것을 좋아한다. | ① ② ③ ④ ⑤ |
| 29 | 운동을 잘한다는 말을 자주 듣는다. | ① ② ③ ④ ⑤ |
| 30 | 친구들이나 선생님의 기분을 잘 알고 행동한다. | ① ② ③ ④ ⑤ |
| 31 | 평소에 내 재능을 계발하기 위해 노력하고 있다. | ① ② ③ ④ ⑤ |
| 32 | 동물이나 식물을 좋아하고 잘 돌본다. | ① ② ③ ④ ⑤ |
| 33 | 책을 읽을 때 그 내용을 잘 이해한다. | ① ② ③ ④ ⑤ |
| 34 | 물건의 가격 등을 잘 계산한다. | ① ② ③ ④ ⑤ |
| 35 | 악기를 연주할 때 곡의 음정, 박자, 리듬 등을 잘 표현한다. | ① ② ③ ④ ⑤ |
| 36 | 다른 사람에게 그림을 잘 그린다거나 만들기를 잘한다고 칭찬을 들은 적이 있다. | ① ② ③ ④ ⑤ |
| 37 | 뜨개질이나 조각, 조립과 같이 섬세한 손놀림이 필요한 활동을 잘할 수 있다. | ① ② ③ ④ ⑤ |
| 38 | 가족이나 친구들과 누구하고도 잘 지내는 편이다. | ① ② ③ ④ ⑤ |
| 39 | 규칙적인 생활을 하려고 노력한다. | ① ② ③ ④ ⑤ |
| 40 | 나의 꿈은 동식물에 관한 직업을 갖는 것이다. | ① ② ③ ④ ⑤ |
| 41 | 국어시간이나 글쓰기를 좋아한다. | ① ② ③ ④ ⑤ |
| 42 | 무조건 외우기보다는 이해하여 암기한다. | ① ② ③ ④ ⑤ |
| 43 | 어떤 악기라도 연주법을 쉽게 배우는 편이다. | ① ② ③ ④ ⑤ |
| 44 | 마인드 맵 등을 이용하여 새로운 사실을 정리한다. | ① ② ③ ④ ⑤ |
| 45 | 개그맨이나 주변사람들의 흉내를 잘낸다. | ① ② ③ ④ ⑤ |
| 46 | 나에게 맡겨진 일을 알아서 잘하는 편이다. | ① ② ③ ④ ⑤ |
| 47 | 잘못한 일이 있을 때는 그 이유가 무엇인지 생각하여 다음에는 잘하려고 노력하는 편이다. | ① ② ③ ④ ⑤ |
| 48 | 동식물이나 어떤 사물의 특징을 알아보기를 좋아한다. | ① ② ③ ④ ⑤ |
| 49 | 다른 사람의 말을 잘 알아듣는다. | ① ② ③ ④ ⑤ |
| 50 | 문제가 생기면 왜 그런지를 곰곰이 생각하는 편이다. | ① ② ③ ④ ⑤ |
| 51 | 노래의 빈 칸에 알맞은 가락을 넣을 수 있다. | ① ② ③ ④ ⑤ |
| 52 | 고장난 기계나 물건을 잘 고친다. | ① ② ③ ④ ⑤ |
| 53 | 연기나 춤으로 내 생각을 표현할 수 있다. | ① ② ③ ④ ⑤ |
| 54 | 다른 사람들 앞에서 연설이나 웅변을 할 수 있다. | ① ② ③ ④ ⑤ |
| 55 | 나의 미래를 위하여 무엇을 해야 할지 잘 알고 있다. | ① ② ③ ④ ⑤ |
| 56 | 환경문제를 해결할 수 있는 방법을 많이 알고 있다. | ① ② ③ ④ ⑤ |

♣ 위의 문제의 번호에 맞게 표시한 점수를 써 주세요.

| 영 역 | A | B | C | D | E | F | G | H |
|---|---|---|---|---|---|---|---|---|
| 문 항 | 1 | 2 | 3 | 4 | 5 | 6 | 7 | 8 |
| 점 수 | | | | | | | | |
| 문 항 | 9 | 10 | 11 | 12 | 13 | 14 | 15 | 16 |
| 점 수 | | | | | | | | |
| 문 항 | 17 | 18 | 19 | 20 | 21 | 22 | 23 | 24 |
| 점 수 | | | | | | | | |
| 문 항 | 25 | 26 | 27 | 28 | 29 | 30 | 31 | 32 |
| 점 수 | | | | | | | | |
| 문 항 | 33 | 34 | 35 | 36 | 37 | 38 | 39 | 40 |
| 점 수 | | | | | | | | |
| 문 항 | 41 | 42 | 43 | 44 | 45 | 46 | 47 | 48 |
| 점 수 | | | | | | | | |
| 문 항 | 49 | 50 | 51 | 52 | 53 | 54 | 55 | 56 |
| 점 수 | | | | | | | | |
| 총 점 | | | | | | | | |
| 지 능 | 언어 | 논리<br>수학 | 음악 | 공간 | 신체<br>운동 | 인간<br>친화 | 자기<br>성찰 | 자연<br>친화 |

출처 : 오현미(2010). 다중지능 이론에 기초한 진로교육프로그램이 초등학교 4학년 아동의 진로 흥미와 진로성숙에 미치는 효과. 홍익대학교 교육대학원 석사학위논문.

- 점수 계산 : 채점은 답안지에 적은 점수를 세로로 합계를 내면 됩니다. 즉, 언어 영역은 (1, 9, 17, 25, 33, 41, 49)문항 점수의 합이 됩니다.

## 함께 해 BoA요! 다중지능 추리!!!

● 준비물 : 다중지능 추리 활동지

### 왜 하나요?

자녀가 아는 유명인이나 위인들의 다중지능검사 결과를 예측해봄으로써 직업관련 여러 강점 지능을 생각해봅니다. 이런 활동을 통해 다른 사람에 대한 관심이나 관찰능력도 기를 수 있습니다.

### 어떻게 하나요?

- ✔ 가족 구성원의 강점 지능 영역을 추리해 봅니다. 실제 검사 결과와 비교해 봅니다.
- ✔ 김연아, 반기문, 조수미, 이소연, 싸이 등의 유명인사 또는 이순신, 세종대왕, 모차르트 등의 위인의 다중 지능 검사 결과를 가상으로 만들어 보세요. 이들의 강점 지능에 대해서 생각해 보세요.
- ✔ 자녀가 좋아하는 연예인이나 스포츠 선수 또는 만화캐릭터 등 관심 대상을 더욱 확장해봅니다.

부모TIP

### 가족끼리 같다? 다르다?

☞ 가족의 강점 지능영역에서 유사점이 있을 가능성이 높습니다. 그런 유사점을 활용해서 부모는 관련 직업에 대한 설명이 용이할 수 있습니다. 상이점이 많다면 부모는 자신의 직업 이상에 대한 관심의 폭을 넓히는 노력이 필요합니다. 자신의 경험과는 다른 길로 갈 가능성이 높은 자녀이기 때문입니다.

### 친척들, 동네 어른들의 다중지능도 추리해보세요.

☞ 친인척으로 확장해서 생각해보는 것도 좋습니다. 주변 사람들에 대한 관찰능력도 기를 수 있고, 조부모와 연결시켜 세대를 포함하는 강점 지능 영역의 특성을 살펴볼 수도 있습니다.

### 부모가 생각하는 유명인도 추리해보게 하세요.

☞ 유명인은 자녀의 모델링 대상이 되기도 합니다. 다중지능 추리에서는 부모가 자녀에게 추천해주고 싶은 위인도 자녀에게 추리해보게 하세요.

### 여러 측면에서 성공을 생각할 수 있도록 도와주세요.

☞ 유명인을 떠올릴 때 자녀가 생각하는 성공한 사람들이 누구인지에 대해서 이야기해 보세요. 만약 자녀가 명예나 경제적으로 성공한 사람들만 떠올린다면, 봉사활동이나 좋은 본보기가 되었던 유명인들에 대해서 생각해보도록 도와주세요.

### 성공한 사람들의 공통 강점 영역이 있어요.

☞ 연구에 의하면 위인들의 강점 지능 영역들을 분석한 결과, '자기이해지능'과 '인간친화지능'이 공통 분모로 나타났습니다. 즉 이들은 이 두 지능을 기본으로, 각자의 영역과 관련된 강점 지능을 갖고 있는 것으로 나타났습니다. 이런 결과를 아이들에게 말해주기 보다는 활동을 통해 아이들이 스스로 발견해 갈 수 있도록 도와주세요.

## 다중지능 추리!!!

| 누구? | | 누구? | |
|---|---|---|---|
| 대상을 그려보세요. | | 대상을 그려보세요. | |
| 강점1 | | 강점1 | |
| 강점2 | | 강점2 | |
| 강점3 | | 강점3 | |

## 초등학생들이 할 수 있는 적성검사는 없다?

체중계로 몸무게를 재고, 초시계로 100m 달리기 기록을 측정하는 것처럼 흥미, 능력, 성격, 태도 등을 측정하는 도구가 심리검사입니다.

심리검사가 측정하는 대상은 추상적이기 때문에 아무리 과학적인 검사라 하더라도 그 결과를 무조건 믿고 따르는 것은 바람직하지 않습니다. 특히 초등학교 시절은 흥미, 적성, 지능, 성격, 가치관 등 심리적 요인이 활발하게 성장하는 시기이기 때문에 심리검사 결과를 적용할 때는 보다 신중하고 조심스럽게 사용해야 합니다.

그런데 아이의 진로를 빨리 결정하고자 하는 조급한 마음으로 심리검사 결과만으로 아이들을 성급하게 평가하고 판단하는 오류를 범하는 경우들이 있습니다. 특히 적성검사는 아이의 능력과 밀접한 연관성이 있기 때문에 원하는 결과가 나오지 않을 때 큰 좌절과 실망감을 느낄 수 있습니다. 자기가 희망하던 일에 능력이 부족하다고 판단하여 간절히 하고 싶은 일이었는데도 미리 겁을 먹고 선택을 포기하기도 합니다. 하지만 유아기나 초등학교 때 찾아낸 아이의 적성은 마치 씨앗과 같아서 노력이라는 물을 주고 흥미와 열정이라는 햇볕을 쬐어 주면서 정성껏 가꾸면 멋진 싹을 틔울 수 있습니다.

따라서 심리검사를 남용하거나 결과를 과신하지 않도록 주의하고, 아이의 잠재된 강점을 발굴하기 위한 참고자료로만 활용할 것을 권합니다. 심리검사를 할 때에는, 어떤 검사를 할지 선택하고 실시해서 해석, 상담까지의 모든 과정이 진로상담전문가와 의논하여 이루어져야 합니다. 부모나 아이가 임의로 심리검사를 하고 그 결과를 액면 그대로 아이에게 적용해서는 안 됩니다.

## 검사는 검사일 뿐 오해하지 말자

1. 검사점수는 무조건 높게 나올수록 좋다?

그렇지 않습니다. 학교시험이나 평가에 익숙해져서 자신의 검사점수가 낮게 나오는 경우 부끄럽게 여기거나 의기소침해하는 경우가 있는데, 검사마다 채점방식이나 의미하는 바가 다르기 때문에 무조건 점수가 높다고 좋은 것은 아닙니다.

2. 심리검사 결과에서 추천한 직업을 무조건 따른다?

심리검사 결과의 추천직업목록은 말 그대로 추천직업입니다. 그 직업이 최고라고 단정지어 생각하기보다는 그 직업이 가진 특성을 이해하는 것이 필요하며, 자신이 원하는 직업과 검사결과의 유형이 다르나고 해서 좌절하지 않도록 아이를 지도하는 것이 필요합니다. 예를 들어, 직업흥미유형 검사를 실시한 결과 사회형이 아니라 탐구형이 나왔다고 해서 사회형 직업인 상담가를 희망직업으로 선택할 수 없는 것은 아닙니다. 탐구형의 특징인 호기심과 분석적이고 논리적인 성향을 발휘하여 사람들의 심리적 특성을 더 잘 추론해낼 수도 있습니다.

3. 심리검사는 많이 해볼수록 도움이 된다?

가끔 아이에게 여러 가지 심리검사를 반복적으로 시키는 부모들이 있습니다. 요즘은 인터넷을 통해 쉽게 심리검사를 할 수 있는데, 전문가의 조언 없이 검사만 반복적으로 하는 경우 진로선택을 하는데 오히려 방해가 됩니다. 직업에 대한 선입견이나 고정관념이 생겨서 정확한 진로결정이나 직업선택이 어려워지기도 합니다.

### 4. 약은 약사에게, 심리검사는 전문가에게!

심리검사를 할 때는 아이, 부모 그리고 전문가가 함께 검사 목적을 정확히 정하고, 그에 맞게 선택 해서 실시해야 합니다. 전문가의 지도에 따라 정해진 절차대로 검사를 해야만 정확한 검사결과를 얻을 수 있습니다. 이것은 검사결과를 해석할 때도 마찬가지입니다. 전문가의 도움 없이 이루어지는 인터넷 심리검사나 검사에 대한 사전 설명이 잘못되는 경우 전혀 다른 결과가 나올 수도 있습니다. 예를 들어 아이가 좋아하고 관심 갖는 활동이 아니라 부모가 평소에 이야기 하던 활동들을 의무감으로 선택하는 경우 그 검사결과에서 제시된 특성은 아이의 것이 아니라 부모의 것과 일치할 가능성이 높습니다.

### 5. 심리검사만 해보면 나의 진로는 확실히 결정된다?

심리검사는 동전만 넣으면 원하는 제품이 바로 나오는 자판기가 아닙니다. 심리검사만 하면 아이의 진로나 직업이 정확하게 결정될 것 같지만, 심리검사는 진로결정 및 직업선택을 위해 필요한 여러 가지 방법 중 하나일 뿐입니다. 심리검사 외에 직업정보탐색이나 직업체험 등 다양한 방법을 통해 아이의 진로탐색을 도와주어야 합니다. 이런 경우 심리검사는 아이가 선택하려는 전공이나 직업을 탐색하는 도구로 활용될 수 있습니다.

함께해 BoA요!

## 동영상 보고 이야기 나누기

- 제목 : 맨체스터유나이티드, 박지성
- 출처 : EBS 지식e
- 내용 : 자신의 발이 평발이고, 체력이 너무 없어서 운동선수로는 가망이 없다고 했던 어린 축구 선수가 자신이 흥미를 포기하지 않고 꾸준히 훈련하고 연습함으로써 한국 최고의 축구선수가 된 박지성 선수 영상

*** 부모나래 블로그(blog.naver.com/bumo_narae)를 통해 시청할 수 있습니다.

### 왜 하나요?

지금까지의 활동을 통해 발견한 자신의 흥미와 강점 영역(적성)이 일치되지 않은 경우 의문이 생기는 자녀의 이해를 돕기 위한 활동입니다. 흥미와 적성이 일치되지 않았지만, 노력을 통해 극복해낸 위인 또는 유명인의 사례를 통해, 자신의 꿈을 포기하지 않고 계속 이어갈 수 있음을 알려줍니다.

### 어떻게 하나요?

✔ 주인공의 흥미와 적성, 그리고 꿈에 대해서 같이 이야기하며, 이를 어떻게 극복했는지 함께 살펴보세요.

✔ 자녀의 흥미와 적성 그리고 꿈에 대해서 함께 이야기를 나눠주세요.

함께 해 BoA요!

# 욕구 탐색 프로젝트

### 어떤 아이에게 좋을까요?

이 활동은 흥미 탐색이 잘 진행되어 자기가 하고 싶은 활동이 명확한 자녀 또는 초등 고학년의 방학기간을 활용한 심화활동으로 좋습니다. 또한 자녀 스스로 자기주도적으로 자신의 흥미를 더 깊이 탐색하는 활동이기 때문에 부모가 자녀를 신뢰할 수 있을 때 하면 좋습니다.

### 왜 하나요?

자녀가 좋아하는 활동을 장기간 동안 할 수 있도록 허용하여, 자녀가 하고 싶은 것을 지속적으로 해봄으로써 자녀의 흥미 영역에 대한 양적, 질적 체험을 확장해봅니다. 이를 통해 자신이 흥미 있는 영역에서 적성이 있는지를 살펴볼 수 있는 계기도 될 수 있습니다. 이러한 흥미탐색 - 몰입 - 실패의 반복을 통해서 자기 주도적으로 자신의 흥미영역과 적성을 구체화시킬 수 있습니다.

### 어떻게 하나요?

✔ 동영상 보기

제목 : <14일 간의 욕구충족 프로젝트>

출처 : 세바시

내용 : 중학생들이 자신이 하고 싶은 활동(예를 들어 연필에 조각하기, 피아노 건반 계단 만들기, 공동project 등)을 정해서 14일 동안 꾸준히 하면서 자신의 욕구를 찾아보고 충족시키며 확장해가는 과정을 보여주는 영상

*** 부모나래 블로그(blog.naver.com/bumo_narae)를 통해 시청하실 수 있습니다.

✔ 계획 세우기 : 아이가 집안이나 집 밖의 활동 중에서 방학동안 하고 싶은 것을 스스로 선택하게 합니다.

✔ 수행하기

a. 아이가 그만 하고 싶다고 할 때까지 하도록 허락하고 관찰합니다.

b. 활동을 확장하고 심화할 수 있도록 부모가 자극을 줄 수 있습니다.

c. 관심이 줄어들고 지겨워한다면 다른 활동을 선택하도록 유도합니다.

✔ 마무리하기 : 자녀의 활동을 사진으로 찍어서 보관하고, 포트폴리오 형식(*5장 참고)으로 정리해 보세요.

부모Tip

**뚜렷한 결과물이 꼭 나와야 하는건 아니에요!!!**

☞ 방학 활동으로 욕구탐색 활동을 할 때 부모들이 무엇인가 과제물이 나오기를 바라게 되는 경우가 종종 있습니다. 하지만 이건 과제 활동이 아니므로 아이가 구체물을 만들지 않거나 부모가 보기에 지지부진해 보여도 결과물이 없다고 아이를 닦달하시면 안돼요!!

**자녀의 활동을 유의해서 살펴보세요.**

☞ 장기 욕구 탐색 project활동을 통해 자녀의 관심 유지 능력이나 유지 방해 요인들을 살펴볼 수 있습니다. 자녀가 주제를 지속하지 못하고 자주 바꾼다면 자녀가 과제를 꾸준히 수행하지 못하는 집중력의 문제인지 아니면 과제 수행이 심화되면서 능력의 한계를 보이는 재능의 문제인지 살펴보세요. 그리고 아이의 어려움을 잘 공감해 주면서 극복할 방법을 자녀와 충분히 이야기해보세요. 그래야 다음 단계로 확장되어 갈 수 있습니다.

**아이가 컴퓨터 게임이나 TV보기 등의 활동을 원할 때는 이렇게 도와주세요.**

☞ 장기 욕구 탐색 project활동에서는 일단 자녀가 원하는 활동을 선택해서 충분히 해봄으로써 스스로 조절능력을 찾아가는 것을 목적으로 합니다. 하지만 자녀의 선택 활동에서 자녀의 발달단계에 맞춰 선택권을 조절하셔야 합니다.

초등학교 3-4학년까지의 아이의 경우 부모에게 순응하는 모습이 많은 시기이므로 부모가 게임이나 TV등의 자극적 활동을 통제하실 수 있습니다. 제외 활동 목록으로 제시해 주시고 대안활동으로 부모가 함께 하면서 자녀가 즐거워할 수 있는 상호작용 활동을 제시해 주세요. 예로는 보드게임이나 운동 등이 있을 수 있습니다.

하지만 부모-자녀관계가 여전히 불안하거나 초등학교 고학년일 경우 자신이 원하는 활동에서 쉽게 타협하지 않으려 합니다. 따라서 이런 아이에게는 컴퓨터와 TV등을 허락해주세요. 대신 부모가 자녀가 관심 있어 하는 컴퓨터와 TV를 같이 즐겨주셔야만 합니다. 컴퓨터의 어떤 게임을 좋아하는지 부모가 응원을 어떤 식으로 해야 할지 결정하시고 TV의 경우 같이 보고 이야기를 나누는 등의 상호작용이 절대적으로 요구됩니다.

## 쉼표

### 붉은 여왕

"이런 느림보 같으니라고.. 여기선 있는 힘을 다해 달려야 그나마 제자리에 서 있을 수 있어."

<이상한 나라의 앨리스> 속편 <거울 나라의 앨리스>에 보면
앨리스가 붉은 여왕에게 손목을 잡힌 채 큰 나무를 빙빙 도는 장면이 나옵니다.
헐레벌떡 뛰는데도 항상 제자리인 걸 이상하게 생각하는 앨리스에게
붉은 여왕은 이렇게 말합니다.
"우리가 아무리 달려도 주변 세계가 같이 움직이기 때문에
제자리에 머물러 있으려면 더 있는 힘껏 계속 달려야 해"

숨 가쁘게 달리고 달리는데도 앞으로 나아가는 게 아니라 제자리인 느낌입니다. 그나마 뒤처지지 않으면 다행이지요. 좋은 대학에 합격하고 더 나은 직장을 얻기 위한 경주는 태어나면서부터 시작되는 것 같습니다. 거의 평생 동안 계속되는 이 경주는 마치 움직이는 런닝 머신에 올라선 것처럼 잠시도 멈출 수가 없어요. 잠깐 숨이라도 고르려고 뛰는 속도를 늦추거나 멈추는 순간 넘어지고 맙니다. 다시 일어서기는 쉽지 않지요. 우리 모두가 붉은 여왕의 마을에 갇힌 것 같습니다.

혹자는 붉은 여왕 마을을 탈출하고 싶으면 지금보다 2배 더 빨리 뛰라고 합니다. 주변의 변화에 보다 민첩하게 대응하고 효율적으로 달리기 위한 구체적인 전략(계획)을 세우는 게 도움이 된다고도 합니다. 하지만 단거리도 아니고 인생이라는 장거리 레이스를 내내 전력질주할 수 있을까요? 만에 하나 1등을 한들 얼마나 고단할 것이며 앞만 보고 달리느라 놓친 건 또 얼마나 많겠습니까. 극소수의 승자와 대다수의 '루저'가 생길 수밖에 없는 이런 경주를 언제까지 계속 해야 하는 건지, 내 아이에게 루저가 되지 않도록 그저 빨리 뛰라고만 재촉해야 하는 건지 마음이 무겁습니다.

모두 한 방향으로 달리다 맨 앞의 한 마리가 절벽에서 뛰어내리면 뒤따르던 무리까지 같이 떨어져 죽는 '레밍'처럼 되지 않을 방법을 찾아야 하지 않을까요? 모두가 한 방향으로 달리면 한 사람만 승자가 되지만 360도 각기 다른 방향으로 달리면 누구나 승자가 될 수 있습니다. 사회변화 속도를 따라잡으려고, 남보다 앞서가려고 서로 경쟁적으로 속도를 높이기보다는 방향을 다양하게 하고 각자 자신에게 맞는 속도로 걷기도 뛰기도 하는 사회가 되면 좋겠습니다. 그리고 한 가지 더! 환경의 변화에 발맞춰 재빨리 색깔을 바꾸는 카멜레온이 되려는 전략을 세우기보다는 기초능력과 기본 소양을 단단히 하는데 더 힘을 쏟는 게 현명하지 않을까 합니다.

주) 레밍(lemming) 또는 나그네쥐는 북유럽, 북아메리카, 유라시아 지역에 많이 서식한다. 레밍은 집단 자살로 유명한데, 이는 개체 수가 폭발적으로 증가한 종이 사방으로 서식지를 찾아 돌아다니다가 나타나는 현상이다. 대개 눈이 나쁜 레밍이 바다를 쉽게 건널 수 있는 작은 강으로 착각해서 '자살' 현상이 일어난다고 한다.

✓ 성장판만 신경쓰지 말고 꿈도 키워주세요

✓ 급식 메뉴보다 중요한 건 꿈의 영양소입니다

✓ 우리 아이는 어떤 성격인가요?

✓ 어떤 직업 가치관을 길러주면 좋을까요?

✓ 신체조건도 직업선택에 영향을 미칩니다

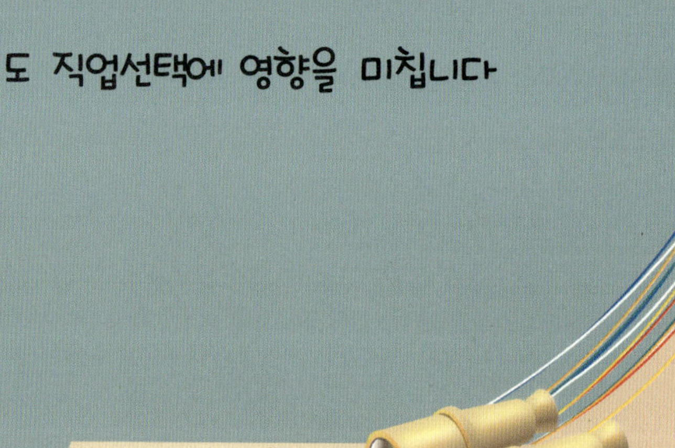

3
Chapter

# 키가 자라듯 꿈도 자랍니다

# 키가 자라듯
# 꿈도 자랍니다

## 성장판만 신경쓰지 말고 꿈도 키워 주세요.

아이를 낳아 키우는 처음 몇 달 동안 부모가 가장 신경쓰는 것은 몸무게가 몇 킬로 늘었는지, 키가 몇 센티나 자라는지, 또래들보다 처지지는 않는지 일겁니다. 아이가 유치원이나 학교에 들어가면 또래에 비해서 말은 잘하는지, 수업은 잘 따라가는지가 최대 관심사가 됩니다.

하지만, 신체적 혹은 지적인 성장과 성숙에는 과도하리만치 신경을 쓰면서 정작 아이의 인생 전체를 좌우할 수도 있는 꿈과 진로의 발달에 대해서는 그만큼의 관심을 기울이지 않는 듯합니다. 아이의 키와 몸이 자라는 것처럼, 꿈의 크기도 따라서 자라게 됩니다.

아이들은 처음에 주위의 여러 가지 일에 호기심을 갖는 것에서 시작하여, 자신이 관심있고 좋아하는 일을 발견하고, 그에 관한 다양한 정보들을 찾아보면서 자신만의 꿈을 단계적으로 키워 나갑니다.

아이에게서 끊임없는 질문 공세를 받아보신 적이 있으신지요? '왜?, '그건 뭔데?' '그건 또 왜?' 가끔은 부모를 지치게 만드는 이런 궁금증과 호기심은 아이가 이미 자신의 꿈과 진로에 관한 탐색을 시작했다는 증거입니다.

어른들의 눈으로 보면 , 아이들의 이런 호기심이 너무 엉뚱하고, 쓸데없는 것처럼 보일 수도 있습니다. 하루 종일 밥도 안 먹고 개미를 관찰했던 파브르나, 학교도 안 가고 농장에서 계란을 품고 있었던 에디슨의 호기심도 그랬으니까요. 이런 호기심이 충족되지 못하면 자신이 진정 좋아하고 관심있는 일을 찾아낼 기회를 갖지 못하고 동기와 자신감을 잃게 되어 진로의 발달과 성장이 멈추게 되는 경우도 있습니다.

호기심이 다양한 탐색활동을 통해 충족되면 자신의 관심과 흥미를 찾는 진로발달의 다음 단계로 나아갈 수 있습니다. 자기가 좋아하는 일에 대해 여러 가지 것들을 찾아보는 과정에서 직업에 대해 많이 알게 되고, 그 중에서 자신과 잘 맞는 것은 무엇인지에 대한 기준과 잣대들이 만들어지게 됩니다.

### 아침에는 변신로봇, 저녁에는 해리 포터 :
### 직업 환상기(~11세)

놀이와 상상을 통해 직업에 대한 호기심을 표출하는 시기입니다. 상상의 나래가 펼쳐지는 대로 즉흥적으로 직업을 선택하고, 그 직업에서 하는 일을 놀이 활동을 통해서 표현합니다. 자신의 능력이나 가능성 등 현실적인 장애물은 고려하지 않고 원하는 것은 무엇이든 할 수 있다고 생각합니다.

### 내가 좋아하는 일을 할래요 :
### 직업 흥미기(11~12세)

좋아하는 것에 대해 분명하게 이야기하기 시작하는 시기입니다. TV속 직업이나 부모의 직업을 관찰하면서 흥미를 느끼기도 합니다. "이 일은 재미있을까?", "난 이 일을 좋아하나?"라는 생각을 하면서 직접 그 일에 부딪혀 보려고 합니다, 하지만 자기가 실제로 그 일을 할 능력이 있는지에 대한 판단을 하기는 어렵습니다.

### 잘 하는 일도 있고, 못하는 일도 있어요 :
### 직업 능력기(13세 ~ 14세)

아이들은 점차 자신의 능력에 대해 현실적이고 객관적인 평가를 하기 시작합니다. "제가 노래를 좀 잘하긴 하지만, 가수가 될 정도는 아닌 것 같아요." 그리고 자신의 능력에 대한 판단을 바탕으로 상급학교 선택 등 진로를 정할 때 자신의 의견을 말할 수 있게 됩니다.

### 돈을 버는 직업이 좋을까? 남을 돕는 직업이 좋을까? : 직업 가치기(15세 ~ 16세)

직업 선택에 필요한 다양한 요인들을 고려하면서 직업가치관을 형성해가는 시기입니다. 돈, 명예, 봉사, 자유, 안정성 등의 다양한 가치관을 고려하여 자신의 진로를 결정하려고 합니다.

### 이제는 직업을 정해볼 때 : 직업 전환기(17세 ~ 18세)

현실적인 요인들에 점점 더 많은 관심을 갖게 되는 단계입니다. "방송국 PD가 되고 싶지만 밤늦게까지 일 해야 되고, 집에도 잘 못 들어간다고 해서 고민입니다". 완벽하지는 않지만 흥미, 능력, 가치 등의 내적 요인 외에 취업 기회, 보수, 근로조건 등 현실적이고 외적인 조건들을 고려해서 자신의 직업을 선택하게 됩니다.

## 급식 메뉴보다 더 중요한 건 꿈의 영양소입니다.

골고루 먹고 잘 자야 키가 쑥쑥 자라는 것처럼, 진로 발달단계에서도 나이에 맞춰 꼭 갖추고 넘어가야 하는 것들이 있습니다. 물론 아이에 따라 발달 속도나 순서에 차이가 있을 수 있기 때문에 무조건 적용하기보다는 아이에 맞게 적절한 대응을 하는 것이 좋습니다.

초등학교 저학년까지는 아이들의 꿈이 참 변덕스럽습니다. 언제는 의사가 되고싶다고 하다가 또 어느 날은 선생님이 되겠다고 합니다. 왜 그 직업이 좋은지 그 이유를 물어보면 옷이 멋있어서 또는 멋진 빌딩에서 일하기 때문이라고 대답해서 어른들을 당황시키곤 합니다. 아무 생각도 없이 막연히 꿈만 꾸는 것 같은 우리 아이, 정상일까요? 네, 지극히 정상입니다. 이 시기의 아이들은 환상의 나래를 통해 직업을 꿈꾸기 때문입니다. 하지만 점차 자신이 좋아하는 일이나 잘 하는 일을 찾게 되고, 그 직업에서 중요하게 생각하는 가치관이나 여러 현실적인 조건까지 고려할 수 있게 되지요.

아이의 진로발달이 단계마다 순조롭게 잘 이루어지면 점차 자기 주도적으로 진로 의사결정을 할 수 있는 기본 토대가 만들어집니다. 또한 그 일을 잘 해낼 수 있다는 자신감, 자기효능감 등 긍정적 자아개념을 형성하도록 도와주어 아이들의 삶 전반에 지속적으로 중요한 영향을 미치게 됩니다. 아이가 적극적이고 다양한 경험을 할 수 있는 기회를 마련해주고, 지속적인 격려와 지지를 해주세요. 시간이 지나면서 성숙한 진로의식을 갖춘 아이로 성장하게 될 것입니다.

### ●아이가 좋아하고 잘 하는 일만 찾으면 끝난 걸까요?

초등학교 시절의 아이들에게 흥미와 적성을 탐색하는 것은 물론 아주 중요한 일이지만, 이것만으로 모든 것이 해결되지는 않습니다. 아이의 성격 특성, 가치관, 신체 조건 등에 대한 탐색과 성장이 함께 이루어져야만 진정한 진로발달이 이루어집니다

## 우리 아이는 어떤 성격인가요?

흥미와 적성 이외에 아이들이 가지고 있는 독특한 성향이나 성격 등을 통해 진로선택의 실마리를 발견할 수도 있습니다. 사람의 성격 또한 직업선택에 영향을 미칠 수 있기 때문에 성격유형검사 결과를 통해서도 진로탐색 및 직업선택에 도움이 되는 정보를 얻을 수 있습니다.

예를 들어, 내향적인 성격의 아이에게 많은 사람들을 상대해야 하는 영업직보다, 사무실에서 서류정리나 문서작성을 하는 사무직이 더 잘 맞을 수 있습니다. 반대로 매우 활동적이고 외향적인 아이는 적극적으로 사람을 만나서 설득하는 영업 분야의 직업을 더 좋아할 가능성이 큽니다.

이런 식으로 성격유형검사는 진로 및 직업선택을 할 때 다른 관점에서의 정보를 제공합니다. 성격검사는 MMTIC 성격유형검사, 에니어그램유형 검사 등이 많이 활용되고 있으며, 진로선택만을 위해 만들어진 검사는 아니지만 자신의 진로 및 직업을 찾아가는데 도움이 되는 방향으로 활용될 수 있습니다.

### ● 성격 유형 검사는 어디서 하나요?

- 각 지역의 청소년 상담복지센터
- 건강가정지원센터
- 사회 복지관, 청소년 수련관
- 각 지역 교육청의 상담센터(위센터)

## 함께 해 BoA요! 성격유형테스트

● 준비물 : 성격유형검사

### 왜 하나요?

자녀가 자신의 성격에 대해서 이해하고, 관련된 직업도 함께 살펴봄으로써 진로와 성격과의 관계도 생각해볼 수 있도록 도와주세요. 그리고 부모도 함께 하면서 자신과 자녀의 성격 차이에 대해서 생각해보는 시간을 가져보세요.

### 어떻게 하나요?

✔ 자녀가 스스로 성격유형 검사를 실시할 수 있도록 도와줍니다.
✔ 부모는 검사를 통해 본인의 성격유형과 자신이 본 자녀의 성격유형을 함께 확인해봅니다.
✔ 성격별 특성과 직업에 대한 설명(p74)을 읽고, 자녀가 응답한 결과를 비교해보세요.
✔ 응답 결과를 서로 비교해보며, 차이점과 유사점에 대해서 이야기 나눠봅니다.

부모 Tip

**성격검사를 하기 전에 사람마다 성격이 다를 수 있다는 걸 설명해주세요.**

☞ 손깍지를 만들어볼까? 어떤 손이 앞에 있어? ㅇㅇ이는 오른손 엄마는 왼손이네~ 손깍지처럼 사람들마다 편하게 행동하는 특성이 있는데 그걸 성격유형이라고 해. 그걸 같이 알아보려고 하는거야. 손깍지처럼 ㅇㅇ이가 보고 편한 것에 ㅇ표를 해보자.

**동점이 나오거나 잘 선택하지 못하면, 부모님이 평상시 봤던 모습을 이야기 하면서 선택을 도와주세요.**

☞ 아이들이 자신의 뚜렷한 성격이 형성되기 이전이거나, 자신의 선호도가 분명하지 않은 경우에 나타날 수 있습니다. 아이와 설명을 보면서, 더 자신에게 가까운 쪽을 선택하도록 도와주세요. 부모님이 아이의 평상시 모습에 대해서도 이야기를 해주면서 선택하도록 돕는 것도 좋은 방법입니다.

☞ 아이들이 자신의 모습을 잘 모르기 때문에 선택하지 못하는 경우가 많습니다. 부모님이나 형제들과 같이 이야기를 하면서, 선택을 하도록 돕는 것도 좋은 방법입니다. 이때에는 서로에 대해 비난하거나 비방하는 언어를 제한하도록 하는 것이 필요합니다. 'ㅇㅇ이는 시간 약속을 잘 지키잖아'. 'ㅇㅇ이는 다른 사람들에게 애정표현을 잘 하는 편인 것 같은데..'

**자신이 선택하는 것이 중요해요.**

☞ 부모님이나 가족들의 피드백을 듣는 것은 중요하지만, 결정은 아이 스스로 하도록 도와주세요. 자신에 대해 스스로 인식하고, 인정하는 활동이 자존감을 높이는데 좋은 영향을 주는 건 당연한 일이겠지요.

**우리 아이 성격 좀 바꿔주고 싶어요.**

☞ '우리 아이가 지금 성격과 다른 성격이었으면 좋겠다'는 생각은 자녀를 향한 사랑의 마음에서 시작할 수 있습니다. 그러나 우리아이의 성격과 개성을 인정해주고 격려하고 응원해 주는 모습에서 자녀는 부모의 사랑을 느낄 수 있습니다.

## 성격유형검사

* 자신의모습과 더 가깝다고 생각하는 곳에 ○표를 하세요.

○표의 수가 높은쪽이 자신의 성격 유형입니다.

| | 외향형 | | | 내향형 |
|---|---|---|---|---|
| I | 주인공이 되고 싶어한다. | | | 무대 뒤에 있는 것이 편하다. |
| | 처음 보는 친구들에게 내가 먼저 말을 건네는 편이다. | | | 친한 친구나 아는 사람들이 없는 곳에 가면 혼자 조용히 있는다. |
| | 활발하고 적극적인 편이다. | | | 조용하고 침착한 편이다. |
| | 많은 친구들과 어울리는 것을 좋아한다. | | | 친한 친구 몇 명과 얘기하는 것을 좋아한다. |
| | 내가 보고 듣고 생각하는 것을 바로 표현하는 편이다. | | | 다른 사람이 말을 걸기 전에 먼저 나서서 얘기하지 않는 편이다. |
| | 말보다 행동이 앞선다. | | | 생각한 후에 말하거나 행동한다. |
| | 여럿이 함께 어울려 다니는 것을 좋아한다. | | | 혼자서 책을 보거나 컴퓨터 하는 것을 좋아한다. |
| | 점수 합계 | | | 점수 합계 |
| II | 감각형 | | | 직관형 |
| | 분명하고 직설적으로 말하는 편이다. | | | 비유적으로 길게 말하는 편이다. |
| | 시험 공부할 때 한 과목씩 또는 교과서 순서대로 차근차근 한다. | | | 시험 공부할 때 여러 과목을 번갈아 하는 것이 더 재미있다. |
| | 역사 소설을 좋아한다. | | | 판타지 소설을 좋아한다. |
| | 꼼꼼하다는 평을 듣는다. | | | 상상력이 풍부하다는 평을 듣는다. |
| | 게임이나 놀이를 할 때 전에 했던대로 하는 것이 편하다. | | | 게임이나 놀이를 할 때 새로운 방법을 생각해내서 하는 것이 재미있다. |
| | 가족, 친구들의 생일을 잘 기억한다. | | | 가족, 친구들의 생일을 잘 기억하지 못한다. |
| | 직접 보고 들은 것에 대해 얘기하기를 좋아한다. | | | 상상으로 생각한 것을 얘기하기를 좋아한다. |
| | 점수 합계 | | | 점수 합계 |

| | 사고형 | | | 감정형 |
|---|---|---|---|---|
| | 야단을 맞아도 쉽게 울지 않는다. | | | 야단을 맞으면 쉽게 우는 편이다. |
| | 친한 친구들과 게임을 할 때도 이겨야 기분이 좋다. | | | 친한 친구들과 게임을 할 때 이기면 좀 미안하다. |
| | 갖고 싶은 걸 사달라고 할 때 그 물건이 왜 필요한지를 설명한다. | | | 갖고 싶은 걸 사달라고 할 때 애교를 부린다. |
| Ⅲ | 학교에서든 게임을 할 때든 규칙은 중요한 것이라고 생각한다. | | | 상황에 따라 규칙은 바뀔 수 있는 것이라고 생각한다. |
| | 차분하고 침착하며 논리적이다. | | | 인정 많고 상냥하며 기분파이다. |
| | 내가 불공평하게 대우받는 것을 참기 힘들다. | | | 내가 다른 사람의 기분을 상하게 하면 마음이 불편하다. |
| | 좋은 참고서가 있으면 공부가 더 잘된다. | | | 누군가 칭찬을 해주면 공부가 더 잘된다. |
| | 점수 합계 | | | 점수 합계 |
| | 판단형 | | | 인식형 |
| | 해야 할 일을 끝내고 나서 논다. | | | 조금 놀고 나서 해도 괜찮다. |
| | 내 방이나 책상을 깨끗하게 잘 정리하는 편이다. | | | 방이나 책상 정리는 정말 어렵다. |
| | 책임감이 강하다. | | | 호기심이 많다. |
| Ⅳ | 공부 계획을 짜 놓고 그 계획을 잘 지키는 편이다. | | | 공부 계획을 짜지 않거나 짜더라도 잘 지키지 않는 편이다. |
| | 빨리 결정하고 준비하는 것이 편하다. | | | 한 가지로 결정하기가 힘들 때가 많다. |
| | 숙제는 미리미리 한다. | | | 숙제는 미뤄뒀다가 한꺼번에 한다. |
| | 특별한 날에는 미리 계획을 세워서 논다 | | | 뭘 하든 그날 하루를 즐겁게 보내면 된다. |
| | 점수 합계 | | | 점수 합계 |

## ● 성격 특성과 관련 직업

사람들 앞에서 말하기를 좋아하는

**외향형 아이**

사람들과 함께 어울리는 것을 좋아한다. 처음 보는 아이들과도 쉽게 이야기 하거나 친해지는 편이다. 활발하고 적극적이며, 친구나 아는 사람이 많다. 시간이 걸리는 일이나 놀이는 싫증을 내고, 새로운 놀이나 활동을 원한다.

➤ 직업 : 사무실 외에서의 다양한 업무와 사람들과의 직접적인 접촉이 빈번한 업종 선호. 사업, 판매, 마케팅, 홍보, 판촉, 영업 등

차분하고 신중한

**내향형 아이**

친구를 사귀기까지는 시간이 어느 정도 필요하고, 소수의 친한 친구들과 아주 친밀하게 지낸다. 침착하고 조용하며, 신중히 생각한 다음 행동하는 편이다. 혼자서 놀거나 조용히 책을 읽는 등 지속적으로 집중할 수 있는 활동을 좋아한다.

➤ 직업 : 교사, 교수 등 교육 분야 직업, 과학, 연구, 도서, 컴퓨터, 엔지니어링, 전기분야 등 아이디어가 요구되는 직업 선호.

오감으로 사실적인 정보를 수집하는

**감각형 아이**

공부할 때 세부적인 내용을 잘 기억하고, 주변사람의 특징이나 외모를 잘 기억한다. 상징적 표현보다는 구체적이고 정확한 표현을 잘 이해한다. 손으로 직접 만지거나 조작하는 것을 좋아하고 꼼꼼하다는 이야기를 자주 듣는다. 새로운 일이나 방법을 시도하기보다 이전에 하던 일이나 다른 사람들이 하는 것을 따라 하는 것이 편하다.

➤ 직업 : 생산, 관리, 비즈니스, 건축, 사무, 회계, 간호, 경찰, 군인 등 현실 문제를 다루고 직접적인 활동을 필요로 하는 직업 선호.

의미와 육감을 따르는

**직관형 아이**

상상속의 이야기를 잘 만들어 내는 편이다. 창의력과 상상력이 풍부하다는 말을 자주 듣는다. 엉뚱한 행동과 상상을 하며 신기한 것에 호기심이 많다. 눈에 보이지 않는 의미를 중요하게 생각하고 상징적인 표현을 잘 이해한다.

➤ 직업 : 상담가, 저널리스트, 교사, 작가, 법률가, 연구원 등 장기간의 계획과 준비가 필요한 식업 선호.

원리원칙이 중요한 **사고형 아이**

'왜'라는 질문을 자주하며, 궁금한 점이 있으면 꼬치꼬치 캐물어서 해답을 얻는다. 논리적이고 구체적인 설명으로 부모나 친구들을 잘 설득하는 편이다. TV나 책에서 경찰관이 악당을 벌주는 내용이 나오는 것을 매우 좋아한다.

➤ 직업 : 범죄학, 경찰, 법률, 관리, 컴퓨터, 생산, 기술, 과학, 상업분야의 직업 선호.

조화를 추구하는 **감정형 아이**

부모님이나 선생님의 말을 잘 듣는 편이다. 정이 많고 순하다는 말을 자주 듣는다. 주위에 불쌍한 사람이나 친구가 있으면 함께 마음 아파하고 도와주고 싶어한다. 다른 사람의 반응에 민감하고 사람관계에 관심이 많다.

➤ 직업 : 봉사, 상담, 종교, 비서, 의료, 교육, 통신, 연예분야의 직업 선호.

### 계획성과 성실함이 강한 **판단형 아이**

대체로 먼저 공부나 할 일을 해놓고 노는 편이다. 시험을 보기 전에 미리 여유 있게 공부 계획을 세우며, 계획에 따라 규칙적인 생활을 하는 편이다. 정리된 상태를 좋아하고, 마지막 순간에 쫓기면서 일하는 것과 갑자기 계획을 바꾸어야 하는 상황을 힘들어한다.

➤ 직업 : 계획성, 질서, 체계, 마감일 등을 중요하게 다루는 영역의 직업들, 관리업무 등 책임이 주어지는 업무 선호.

### 즉흥적이지만 융통성 강한 **인식형 아이**

계획을 세우지 않고 그때그때 상황에 맞게 행동한다. 숙제나 시험공부를 마지막 순간에 한꺼번에 처리하는 경향이 있다. 반복적인 일을 싫어한다. 새로운 상황에 잘 적응하고, 남의 지시에 따르기보다 자신의 마음에 따라 행동하는 것을 좋아한다. 방이 흐트러져 있어도 별로 신경 쓰지 않는다.

➤ 직업 : 변화, 유연성, 창의성이 중요하게 다루어지는 영역의 직업, 스스로 독립적으로 일할 수 있는 업무 선호.

출처 : 『성격유형과 진로탐색』(찰스 마틴 저. 심혜숙 역, 1999)

## 어떤 직업 가치관을 길러주면 좋을까요?

가치관은 직업 선택에서 최종 결정을 내리는 데 중요한 역할을 합니다. 아이가 두 가지 분야에 유사한 관심을 가지고 있는 경우, 어떤 가치관을 가지고 있느냐에 따라 선택이 달라질 수 있습니다.

부모는 아이가 자신만의 생각, 철학, 신념을 가질 수 있도록 다양한 경험을 함께 하며 이야기를 많이 나누는 게 좋습니다. 가치관은 심리검사나 체크리스트를 통해서 알아볼 수 있지만 일상생활 속에서 관찰이나 대화를 통해 발견할 수도 있습니다. 책이나 영화를 보며 함께 이야기를 나누는 등 부모와 함께 하는 다양한 활동을 통해 아이는 자신만의 가치관을 형성하고 발견해나갑니다.

함께해 BoA요!

# 동영상보고 이야기 나누기

## 왜 하나요?

직업을 선택하는 다양한 기준 중에서 흥미, 적성뿐만 아니라 자신의 가치관이 중요하다는 것을 인식시키는 것이 필요합니다. 영상을 보면서, 가치관과 직업간의 관련성을 인식하고, 생각해 보는 시간을 갖도록 지도해 주세요.

## 어떻게 하나요?

✔ 아이와 부모가 함께 영상을 보고, 영상에 나온 인물이 중요하게 생각한 가치를 목록에서 찾아보고, 그 가치관이 그 인물의 일생에 어떤 영향을 미쳤는지 자신의 생각을 이야기해 보도록 합니다.

✔ 아이와 부모가 자신이라면 어떤 것을 더 중요하게 생각할 것인지 이야기를 해보는 시간을 가져 봅니다.

| | 프로그램 제목 | 줄 거 리 | 시 간 |
|---|---|---|---|
| 1 | 나는 배우가 아니다 | 극중 인물과 자신을 동일시하는 메소드 연기(method acting)의 대가 말론 브란도. '연기'라는 일을 통해 진정한 자기를 찾는 노력과 함께 자아실현이라는 직업적 가치를 생각해볼 수 있다. | 4‘40“ |
| 2 | 미스터 추 | 8년 동안의 마이너리그 생활을 견디고 이겨내는 추신수 선수의 이야기. 일을 즐기고 역경을 이겨내는 태도를 배울 수 있다. | 5‘13“ |
| 3 | 루이스 칸 1,2부 | 항상 공부하는 자세로 임하고 사람을 생각하는 건축가 루이스 칸의 이야기. 단순히 돈벌이 수단을 넘어 자신이 하는 일의 본질과 의미를 추구하는 자세를 배울 수 있다. | 5‘28“<br>6‘49“ |
| 4 | Man of Action | 한국인 최초 WHO 사무총장을 역임한 故이종욱 박사의 이야기. 무엇이 옳은 일인가를 생각하고, 일을 통해 자신이 옳다고 생각하는 일을 실현하는 태도를 배울 수 있다. | 6‘35“ |
| 5 | 파블로 카잘스의 콘서트 | 사회적으로 소외된 이들을 위한 자선 콘서트와 전쟁 중 유럽 각지에서 평화를 위한 콘서트를 열었던 첼리스트 파블로 카잘스의 이야기. 음악이라는 일을 통해 자신의 신념과 원칙을 실현하는 태도를 배울 수 있다. | 5‘37“ |

|  | 프로그램 제목 | 줄 거 리 | 시 간 |
|---|---|---|---|
| 6 | 나는 피카소다 | "게르니카 대학살" 등 반전의 메세지를 담은 그림을 그린 피카소. 일을 통해 인류 평화를 추구하고 자신의 신념을 실현하고자 노력하는 태도를 배울 수 있다. | 4'16" |
| 7 | 변호사 조영래 | 약자 편에서 사회 부조리에 맞서 변호를 한 조영래 변호사. 직업인으로서 가져야 할 신념과 윤리에 대해서 생각해 볼 수 있다. | 5'49" |
| 8 | 공병우 타자기 | 우리나라 최초의 안과의사이자 빠르고 편한 한글 타자기를 개발한 공병우. 일에 대한 사명감과 공익적 가치를 생각해 볼 수 있다. | 5'6" |
| 9 | 어떤 19살 | 스스로의 꿈을 선택하고 실현해가는 19세 청년들의 모습을 통해 직업과 일을 선택하는 데 중요한 것들에 대해 생각해 볼 수 있다. | 4'20" |

출처 : EBS지식채널e홈페이지(http://home.ebs.co.kr/jisike/main.jsp)

*** 회원가입 후 무료로 다시보기를 할 수 있습니다.

### 부모Tip

**가치관의 개념을 쉽게 설명해주세요.**

☞ 용어가 익숙하지 않은 아이의 경우에는 아이의 눈높이에 맞는 단어로 설명을 해주는 것이 필요합니다. 너무 어려워한다면, 모든 단어를 이해시키려고 노력하기보다는 아이가 이해하는 것들을 선별해서 아이의 생각에 대해 같이 이야기를 나누는 것도 좋은 방법입니다.
*** 참고도서 : 아름다운 가치사전(채인선 저, 한울림어린이)

**아이가 관심을 보이는 인물이나 사건을 예시로 사용하세요.**

☞ 아이가 관심이 있는 인물의 가치관에 대해서도 같이 찾아보고 이야기를 하거나, 최근에 이슈가 되는 시사인물 중에서 관련 되어 있는 인물들에 대해 이야기를 나누는 것도 아이와 함께 생각해 볼 수 있는 주제입니다. "이번에 ㅇㅇ사건이 일어났지? 그 사람은 어떤 생각으로 그렇게 행동한 것 같아? 그 사람이 중요하게 생각하는 가치관은 무엇인 것 같아?"

함께해 BoA요!

# 가치관 빙고게임

● 준비물 : 가치관 빙고게임

## 왜 하나요?

다양한 가치관을 살펴보고, 즐거운 게임을 통해, 용어와 개념에 대해 생각해보고, 그 가치관 중에서 자신이 중요하게 생각하는 가치관을 선택해보는 활동입니다.

## 어떻게 하나요?

- ✔ 아이와 부모가 각각 9칸으로 되어 있는 가치관 빙고게임판에 가치관 목록 중에서 9개를 선택해서 적습니다.
- ✔ 아이와 부모가 서로 가위바위보를 해서, 누가 먼저 빙고에 적힌 것을 부를 것인지 결정합니다.
- ✔ 빙고 진행에 대해서 서로 이야기를 합니다(빙고를 몇 줄 맞추는 경우에 승리를 하게 되는지 결정).
- ✔ 정해진 규칙에 따라 빙고게임을 진행하고, 승자를 결정합니다.

부모 TIP

### 가치관의 개념을 쉽게 설명해주세요.

☞ 용어가 익숙하지 않은 아이의 경우에는 아이의 눈높이에 맞는 단어로 설명을 해주는 것이 필요합니다. 너무 어려워한다면, 모든 단어를 이해시키려고 노력하기보다는 아이가 이해하는 것들을 선별해서 아이의 생각에 대해 같이 이야기를 나누는 것도 좋은 방법입니다.
*** 참고도서 : 아름다운 가치사전(채인선 저, 한울림어린이)

### 아이가 관심을 보이는 인물이나 사건을 예시로 사용하세요.

☞ 아이가 관심이 있는 인물의 가치관에 대해서도 같이 찾아보고 이야기를 하거나, 최근에 이슈가 되는 시사인물 중에서 관련 되어 있는 인물들에 대해 이야기를 나누는 것도 아이와 함께 생각해 볼 수 있는 주제입니다. "이번에 ㅇㅇ사건이 일어났지? 그 사람은 어떤 생각으로 그렇게 행동 한 것 같아? 그 사람이 중요하게 생각하는 가치관은 무엇인 것 같아?"

### 먼저 가치관 관련 도서들을 함께 읽어보세요.

☞ 가치관은 다소 어렵고 추상적인 개념이기 때문에, 초등학생들에게는 어려울 수 있습니다. 초등학생을 위한 가치관 관련 도서들이 많이 나와 있으니 게임을 시작하기 전에 먼저 함께 읽으며 가치관 단어들이 친숙하게 만들어 주세요.

### 아이 스스로 가치관을 뽑아보도록 해주세요.

☞ 자녀와 가치관에 대해서 이야기 하며 아이의 생각을 듣는 것이 더 중요한 활동입니다. 아이가 자신이 중요하다고 생각하는 가치관이 어떤 것인지 스스로 선택할 수 있도록 기회를 주세요.

### 아이가 내용보다 승부에 집착한다면, 져주셔도 좋아요.

☞ 아이들이 승부에 집중하는 것은 당연한 일입니다. 승부 때문에 더 흥미를 가지고 집중하는 효과를 볼 수 있습니다. 아이가 너무 승부에 집중해 있다면, 기분 좋게 아이들이 이길 수 있도록 조절해주시는 것도 필요합니다. 기분이 좋아야 자신의 생각도 적극적으로 이야기를 할 수 있으니까요.

부모나래 블로그(blog.naver.com/bumo_narae)에서 다운받아 사용하세요.

## ■ 가치관 빙고!!!

* 당신이 중요하다고 생각하는 가치를 다음 표에서 9개를 골라 가치관 빙고를 채워주세요.

| 평화 | 다양성 | 금전적 보상 | 열정 | 사회적 인정 |
|---|---|---|---|---|
| 리더십 | 소통 | 사회봉사 | 자기계발 | 창의성 |
| 재미 | 인내 | 지식추구 | 애국 | 자율 |
| 사랑 | 아름다움 | 안정성 | 용기 | 믿음 |
| 시간적 자유 | 감사 | 정직 | 자율성 | 성실 |
| 가족 | 능력발휘 | 책임 | 모험과 도전 | 건강 |
| 겸손 | 관용 | 마음나누기 | 보람 | 배려 |
| 양심 | 예의 | 자신감 | 행복 | 친절 |
| (　　　) | (　　　) | (　　　) | (　　　) | (　　　) |

BINGO~♬♪

| | | |
|---|---|---|
| | | |
| | | |

함께해 BoA요!

## 가치맨 만들기와 가치관 월드컵 게임

● 준비물 : 가치관 월드컵 활동지, 가치맨(Value-man) 활동지

### 왜 하나요?

자녀가 추구하는 가치관을 살펴보고, 관련된 직업도 함께 살펴봄으로써 진로와 가치관과의 관계도 생각해 볼 수 있는 기회를 가지도록 해주세요.

### 어떻게 하나요?

✔ 아이가 가치관 빙고게임에서 선택한 가치관 9개를 '가치맨' 활동지 아래에 먼저 적게 합니다.

✔ '가치맨' 활동지 아래에 적혀 있는 가치관과 어울리는 유명인, 만화캐릭터, 위인 등 누가 있는지 자녀와 이야기하고, 관련된 캐릭터로 카드 꾸미기 활동을 해보세요. 캐릭터를 찾기 어려우면 가치관 단어를 들었을 때 떠오르는 그림을 그려도 좋습니다.

✔ 아이가 꾸민 '가치맨' 중에서 토너먼트 식으로 서로를 비교해서, 더 중요하게 생각하는 가치관을 선택하게 합니다.

✔ '가치맨' 중에서 마지막에 남는 것이 자신이 가장 중요하게 생각하는 가치관으로 선정됩니다.

✔ 부모님도 아이와 동일한 방법으로 가치관 월드컵을 시행합니다.

✔ 아이가 만든 가치맨을 JAM통에 넣어서 보관해주세요.

## Best of Best 가치관 월드컵

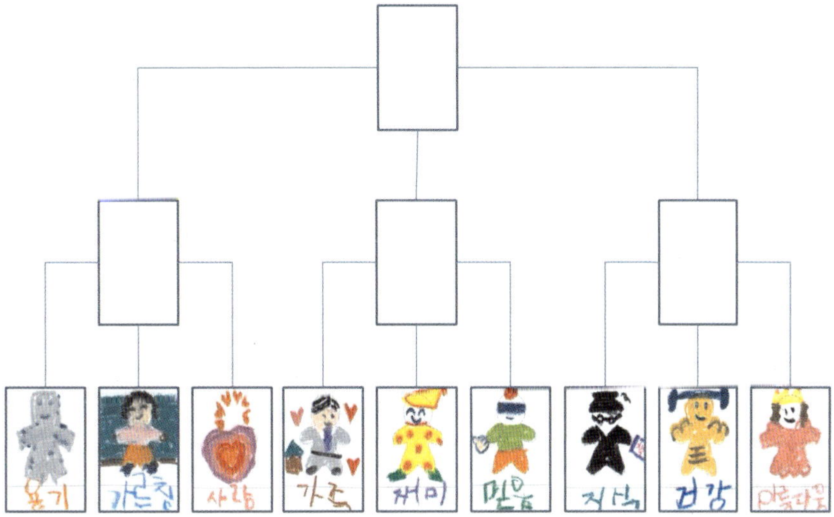


### 부모 Tip

**부모님의 가치관과 비교해보세요.**

☞ 부모님과 아이들이 중요하게 생각하는 가치관이 서로 다를 수 있으므로, 부모님도 실제 게임을 해보고, 이에 대한 이야기를 해 보면서, 이해의 폭을 넓혀보세요. 부모의 의견을 설득하거나 설명을 하는 것보다는 아이가 왜 그렇게 생각하는지 이야기를 들어보는 것이 더 유익한 시간이 될 것입니다.

**아이가 자신의 가치관을 표현하도록 도와주세요.**

☞ 아이들 중에는 자신의 의견을 빨리 이야기하거나, 선택을 신속하게 하는 것을 어려워하는 아이들도 있습니다. 잘 선택하지 못한다면, 어떤 이유로 그러는지(아직 개념이 잘 정리가 되지 않았는지, 타인의 의견을 더 중요하게 여기는지, 선택의 기준이 모호) 아이와 함께 알아보고, 아이가 선택 할 수 있도록 기다려주시거나, 도움을 주시는 것이 필요합니다.

## 가치맨 그리기

## 신체조건도 직업선택에 영향을 미칩니다.

경찰, 조종사 같은 특정 직업의 경우 일정한 신체조건을 요구합니다(키나 색맹 여부 등). 아이가 이런 직업에 관심이 있는 경우 그 직업이 요구하는 신체조건에 대한 정확한 정보를 알아보는 것이 필요합니다. 만약 아이가 그 조건에 맞지 않는다면 유사한 특성을 가진 직업, 연관성 있는 직업 등 다른 대안 직업을 찾아보는 것이 도움이 됩니다. 예를 들면, 스튜어디스 채용 시 항공사마다 제시하는 신체 조건들이 다르며, 일부 항공사에서는 특별한 신체조건을 제시하지 않는 경우도 있으니 정확한 정보를 알아봐야 합니다.

많은 가능성이 있는 아이들에게 단지 신체적인 이유로 자신이 할 수 없는 일이 있다는 것을 알려주는 것은 아이들의 진로발달을 더디게 하는 장애요소가 될 수 있습니다. 일찌감치 현실을 알게 되는 것이 좋지 않냐고 말하는 어른들도 있지만, 아이에게 실망감과 좌절을 안겨주는 것보다는, 다른 길을 같이 찾아보거나 비슷한 특성을 가진 다른 직업분야로 관심을 유도하는 게 필요합니다.

### ● 답은 하나가 아닙니다

특정한 신체 조건이나 경제 사정 등의 이유로 아이가 관심있어 하는 직업을 갖기 어렵다고 판단되면 관련 분야에서 다른 대안직업을 찾아볼 수 있습니다.

예를 들면,

- 의사 : 한의사, 약사, 임상병리사, 물리치료사, 심리치료사, 간호사 등
- 컴퓨터 프로그래머 : 소프트웨어엔지니어, 디지털영상처리전문가, 시스템프로그래머 등
- 기업경영인 : 경영컨설턴트, 기업분석가, 경영지도사 등
- 교사 : 유치원 교사, 보육교사, 학원 강사, 대학 교수 등
- 공무원 : 행정사무원, 노무사, 법무사, 변리사, 세무사 등
- 의사 : 한의사, 약사, 간호사, 임상병리사, 물리치료사, 심리치료사 등
- 요리사 : 제과제빵사, 쇼콜라티에, 파티쉐, 소믈리에, 푸드스타일리스트, 외식업체 매니저 등
- IT전문가 : 응용SW엔지니어, 디지털영상처리전문가, 게임프로그래머, 시스템프로그래머 등

쉼표

## 눈먼 시계공

'완벽'이 자연의 섭리는 아닌 것 같습니다.
자연 생태계는 완벽하지 않지만 적응하고 변화하면서 살아남고 이어집니다.
살기 위한 경쟁과 다툼이 때로 치열하고 눈물겹지만
그 속에는 분명 감동과 아름다움이 있습니다.

자연 속에서 살고 자연의 일부인 인간도 다르지 않습니다.
인간은 정교하기는 하지만 완벽하지 않고 복잡한 유전자로 이루어진 생명체입니다.
게다가 변화무쌍한 환경 속에서 상생뿐만 아니라 포식과 기생관계에 있는
수많은 다른 생명체들과 부대끼며 살아갑니다.
그러니 그것이 무엇이 됐든, 완벽하게 통제하고 계획한다는 건
있을 수 없는 일입니다.

만약 진화과정을 설계한 존재가 따로 있다면
그는 분명히 눈먼 시계공일 거라는 말이 있습니다.
언뜻 보면 자연은 마치 숙련된 시계공이 설계하고 수리한 것 같아 보이지만
실제로는 앞 못 보는 시계공이 만들고
나름대로 고쳐 가려 애쓰는 과정 같다는 말입니다.

정확한 시계도, 완벽한 시계공도 없다는 말에
실망보다는 오히려 안도감을 느끼고 마음이 가벼워지는 건 왜일까요?
혹시 알게 모르게 주위 사람들에게 완벽을 기대하고
스스로도 완벽해지기 위해 지나치게 애쓰면서
고단하게 살고 있기 때문은 아닐까요?

'내 아이는 뭐 하나 빠지지 않는 완벽한 스펙을 가졌으면 좋겠고
그러기 위해 나는 완벽한 부모여야 한다'는 마음의 짐 때문에
힘겨워하는 부모들을 종종 만나게 됩니다.
완벽한 부모라면 아이를 위해 상세하고 정확한 지도를 미리미리 만들고
계획대로 길을 잘 따라가서 마침내 차질 없이 목적지에 도달해야 한다고 믿는
부모들이 많습니다.
수많은 부모지침서가 하라는 대로 완벽하게 '교육적'인 부모가 되기 위해 애쓰고
잘 안될 때는 자책감마저 느끼면서요.

완벽하지 않아도 행복할 수 있습니다.
아니, 완벽하지 않아야 행복할 수 있는지도 모릅니다.
무거운 마음의 짐을 내려놓고 조금은 편안해지세요.

- ✓ '나'를 알았다면 이제는 '직업'을 알아봅시다
- ✓ 직업도 트랜스포머?
- ✓ 직업이 변하면 대학도 변한다
- ✓ 세상에 이런 직업이? : 이색직업의 세계
- ✓ 한국은 좁다, 세계로! 우주로! : 해외직업의 세계
- ✓ 직업 정보의 바다에서 헤엄치기 : 책, 인터넷, 직업인 인터뷰
- ✓ 지금 빛나는 직업보다 앞으로 '빛날' 직업을 보세요

4 Chapter

# 아이들의 꿈의 무대를 넓혀주세요

# 아이들의 꿈의 무대를 넓혀주세요

## '나' 를 알았다면 이제는 '직업' 을 알아봅시다

많은 학부모들은 자녀들이 좋은 대학, 인기 학과에 진학하기를 희망합니다. 내 아이가 사회적으로 인정받는 괜찮은 일자리, 사회적으로 인정받는 좋은 회사에서 일 하기를 바라는 마음이 크기 때문이겠지요. 하지만 아무리 좋은 직업을 갖는다고 하더라도 행복하지 않다면 무슨 의미가 있을까요? 돈도 많이 벌고, 안정적이고, 사회적 지위가 높은 직업일지라도 나와 맞지 않는다면 100% 행복하진 않을겁니다.

진로설계에서 직업에 대해 알아보는 것은 아주 중요합니다. 그 직업이 나에게 맞는지, 내가 꿈꾸고 희망했던 것을 이룰 수 있는 직업인지, 그 직업을 선택함으로써 행복해질 수 있는지 알려면 직업에 대해 자세히 알아봐야 합니다.

예전에는 대학 진학이나 취업을 눈앞에 두고서야 비로소 '직업'에 관심을 가지는 경우가 많았으나 최근에는 어릴 때부터 자신이 관심 있는 직업에 대해 정보를 수집하고 진로를 계획하는 아이들이 늘고 있습니다.

'평생 직업', '평생 일'의 시대를 살아야 하는 아이들이 자신에게 맞는 직업을 선택해서 행복하게 일할 수 있으려면 부모님들의 도움이 필요합니다. 변화가 극심한 현대

사회에서 부모 세대의 관점으로 자녀에게 특정 직업을 강요하는 것은 바람직하지 않습니다.

예를 들어 여자에게는 이런 직업이 어울린다거나 무조건 돈을 많이 버는 직업이 최고라는 식의 생각에서 벗어나 열린 시각으로 바라봐야 합니다. 그 대신 자녀가 다양한 직업에 대해 탐색할 수 있도록 도와주세요. 그러기 위해서는 부모님이 먼저 직업에 대해서 잘 알아야 합니다. 우리 아이가 신나고 행복하게 일할 수 있는 직업은 무엇인지 자료를 찾아보고 고민해야 합니다.

또한 어렸을 때부터 직업에 대한 편견을 가지지 않도록 도와주세요. 돈을 버는 것이 일을 하는 가장 우선적인 목표라는 생각을 하거나, 직업에 귀천이 있다는 인식을 가지지 않도록 신경 써 주세요. 부모님이 무심코 던지는 말 한마디로 인해 아이가 어떤 직업에 대해 선입견을 가질 수도 있습니다.

함께해 BoA요!

# <○○에 가면> 게임하기

## 왜 하나요?

장소에 따라 얼마나 다양한 직업이 있는지 게임을 통해 알아봅니다.

## 어떻게 하나요?

- ✔ 부모와 아이가 가위바위보를 해서 순서를 정합니다.
- ✔ 이긴 사람이 먼저 장소를 정한 뒤, 그 장소에 가면 볼 수 있는 직업의 이름에 대해서 이야기합니다.
- ✔ 다음 사람은 먼저 한 사람이 말한 직업 이름을 말하고, 덧붙여서 새로운 직업이름을 추가로 말합니다.
- ✔ 다음 사람은 첫 번째 말한 직업, 두 번째 말한 직업에 덧붙여 새로운 직업 이름을 추가로 이야기하며 진행합니다.
- ✔ 더 이상 새로운 직업을 말하지 못하거나, 순서를 잊어버리면 게임에서 지게 됩니다. 이긴 사람은 다음 장소를 자신이 정하게 됩니다.

<예시>

아이: 나는 병원에 가면을 할 거야. 시작한다~. 병원에 가면 의사도 있고.

부모: 병원에 가면 의사도 있고, 간호사도 있고

아이: 병원에 가면 의사도 있고, 간호사도 있고, 조리사도 있고

부모: 병원에 가면 의사도 있고, 간호사도 있고, 조리사도 있고, 환자도 있고

아이: (주의깊게 듣다가, 웃으면서 )엄마, 땡이예요. 환자는 직업이 아니잖아요.

부모: 그러네~ 엄마가 졌네. 우리 ○○이가 이겼네~ 다음에는 어디로 갈까? 우리 ○○이가 이겼으니까, 다음 장소를 정해~

부모 TIP

**다양한 직업세계를 탐색하도록 도와주세요.**

☞ 게임을 하면서 자녀가 잘 모르는 직업의 경우, 어떤 직업인지 자녀가 직접 찾아볼 수 있도록 하면 이후에 관심 있는 직업을 탐색할 때 도움이 됩니다. 아이가 직업 이름을 잘 모른다면, 직업에 관련된 도서 등을 준비하여, 찾아보면서 게임을 해도 됩니다. 직업의 이름을 아는 것보다는 스스로 직업 세계를 탐색하고, 확장시키는게 이 게임의 목표이기 때문입니다.

## 직업도 트랜스포머?

현재 우리나라에는 1만 개 이상의 직업이 있습니다. 그 중 몇 개의 직업에 대해 알고 계신가요?

직업은 끊임없이 새로 생겨나고 사라지기도 합니다. 우리 아이들이 어른이 될 무렵이면 지금보다 훨씬 더 다양한 직업이 존재할 것입니다. 부모 세대의 인기직업이 30년 후에도 계속 인기직업일지는 아무도 모릅니다.

1980년대에 학창시절을 보낸 부모님들은 한번 생각해 보세요. 그 때는 컬러TV도 아주 귀했지만 지금은 손바닥 안에서 무엇이든 보고 즐기는 시대가 되었습니다. 회사에 가지 않고도 집에서 일을 하는 것이 가능해졌으며, 전 세계 사람들과 동시에 얘기를 나누고, 세계 각국의 다양한 물건을 안방에서 쉽게 살 수 있게 되었습니다. 또한 사람들이 오랜 시간 걸려서 힘들게 했던 일을 컴퓨터나 로봇이 아주 짧은 시간에 척척 해내기도 합니다.

금융관련 직업이라면 은행원밖에 떠오르지 않았던 시절도 있었으나 이제는 펀드매니저, 투자상담사 등 많은 직업들이 자녀들의 선택을 기다리고 있는 시대가 되었습니다. 사범대학을 졸업하면 당연히 교사가 된다고 믿던 시대를 지나 학습교재나 온라인콘텐츠 개발 등 예전에는 생각하지 못했던 곳으로 진출하는 사람들이 늘고 있습니다.

교육정책 같은 정부 정책의 변화로 법학전문대학원, 의학전문대학원이 생기면서 법조인이나 의사가 될 수 있는 길도 더욱 다양해졌습니다. 그 외에도 평균수명이 길어짐에 따라 삶의 질에 대한 관심이 크게 늘어나 다양한 직업이 새롭게 생겨나거나 변화될 것입니다.

## 퀴즈로 알아보는 '사라진 직업'

1. 책자나 자료인쇄를 위해 활자를 조판하는 사람으로 컴퓨터 문서작성 기술이 보급되면서 사라진 직업은?
   ① 컴퓨터프로그래머 ② 타이피스트 ③ 신문기자 ④ 인쇄식자공

2. 손수레에 사람을 태워 원하는 목적지까지 데려다주는 사람은?
   ① 택시운전기사 ② 인력거꾼 ③ 버스안내원 ④ 택배원

3. 비행기와 관련된 직업으로 과학기술의 발전으로 사라진 직업은?
   ① 항법사 ② 비행기 조종사 ③ 스튜디어스 ④ 관제사

4. 도심의 주요 운송수단으로 지하철과 기차가 발전함에 따라 점차 사라진 직업은?
   ① 버스운전사 ② 택시기사 ③ 전차 운전사 ④ 역무원

5. 아파트와 주택의 굴뚝이 사라짐에 따라 사라진 직업은?
   ① 연탄 배달꾼 ② 굴뚝 청소부 ③ 청소부 ④ 도배장이

6. 한강에 다리가 많지 않았던 시절 사람들이 배를 타고 이동할 수 있도록 데려다주던 사람은?
   ① 버스안내양 ② 인력거꾼 ③ 보부상 ④ 뱃사공

7. 전화가 귀하던 시절 외부에서 걸려온 전화를 다른 사람에게 바꿔주는 사람은?
   ① 114 안내원 ② AS 직원 ③ 텔레마케터 ④ 전화교환원

8. 못 쓰는 천이나 종이 등을 골라 주워 모으는 일을 하는 사람은?
   ① 넝마주이 ② 청소부 ③ 구두닦이 ④ 디자이너

9. 예술과 문화에 대한 선호도가 바뀌면서 제주도를 중심으로 활동하고 있는 직업은?
   ① 가수 ② 개그맨 ③ 곡마단원 ④ 뮤지컬배우

10. 과거 물이 귀하던 시절 우물을 길어다가 판매하는 사람은?
    ① 버스안내양 ② 물장수 ③ 바리스타 ④ 수퍼마켓주인

* 정답

1. ④ 인쇄식자공 2. ② 인력거꾼
3. ① 항법사 : 항공기의 위치 등을 측정하여 항공상의 자료를 산출하는 사람
4. ③ 전차운전사 5. ② 굴뚝청소부 6. ④ 뱃사공 7. ④ 전화교환원
8. ① 넝마주이 9. ③ 곡마단원 10. ② 물장수

## 직업이 변하면 대학도 변한다

많은 학생들이 고교 졸업 후 대학에 진학한다는 한국 현실을 고려할 때 직업뿐만 아니라 대학과 학과의 변화에도 관심을 갖는 것이 필요합니다. 지금 당장 진학여부를 결정하고 학과선택을 하는 것은 아니지만 어떻게 대학과 학과들이 변화하고 있는지, 아이가 관심 있는 학과에 진학하면 희망하는 직업을 얻을 수 있는지를 살펴보는 것도 좋은 방법입니다.

### ● 이런 학과, 저런 학과!

| 학과명 | 전공 내용 |
|---|---|
| 스마트 산업학부 | - 모바일콘텐츠 기획, 개발, 시스템 엔지니어, 어플 개발<br>- 진출직업 : 모바일 개발자, 모바일 엔지니어<br>- 관련자격 : 프로그래밍언어(OCJP), 리눅스마스터(LPIC) |
| 게임학부 | - 게임기획, 프로그래밍, 디자인, 그래픽, 마케팅<br>- 진출직업 : 게임기획가, 게임시나리오작가, 게임프로그래머<br>- 관련자격 : 컴퓨터그래픽운용기능사, 디지털제어산업기사 |
| 디지털 디자인학부 | - 디지털영상, 웹컨텐츠, 3D그래픽 디자인<br>- 진출직업 : 캐릭터디자이너, 영상디자이너, 웹디자이너, CG실<br>- 관련자격 : 미디어교육사, 시각디자인산업기사, 게임그래픽전문가 |
| 정보보안 학부 | - 컴퓨터 및 스마트폰의 정보보안에 대비, 대응<br>- 진출직업 : 정보보호전문가<br>- 관련자격 : 정보처리기사, 전자상거래관리사, 시스템관리사 |
| E-비즈니스 학과 | - 사이버스페이스에서의 경영조직과 경영활동을 이해, 연구<br>- 진출직업 : 인터넷마케팅, 웹프로그래밍<br>- 관련자격 : 전자상거래관리사, 전자상거래운용사, 정보처리산업기사, 네트워크 관리사 |

| | |
|---|---|
| 미래자동차 학과 | - 다양한 분야의 기술융합과 적용을 통한 새로운 패러다임의 미래자동차 개발<br>- 진출직업 : 스마트그린자동차연구자, 벤처기업<br>- 관련자격 : 카일렉트로닉스기능사, 자동차검사기사 |
| 자원환경 공학과 (에너지 자원학과) | - 석유·천연가스와 같은 에너지 자원과 전략 광물 자원에 대한 탐사, 개발 및 처리기술<br>- 진출직업 : 에너지자원연구원, 에너지관리컨설팅, 에너지설비 전문가<br>- 관련자격 : 에너지관리기사, 자원관리기술사, 폐기물처리기사, 수질대기기사 |
| 실버요양 학과 | - 노인의 시설, 여가, 건강, 정책, 자산관리<br>- 진출직업 : 요양서비스관리자, 실버산업경영인,<br>- 관련자격 : 실버산업지도사, 노인상담사, 건강가정사, 평생교육사, 노인치료사 |
| 다문화복지 학과 | - 다문화가정의 안정과 사회정착, 다문화자녀양육과 문화차이극복, 다문화 사업 활성화<br>- 진출직업 : 다문화관리공무원, 다문화지원센터, NGO<br>- 관련자격 : 건강가정사, 사회복지사, 가족상담사 |
| 건강관리 학과 | - 질환에 따른 운동프로그램처방, 합리적인 영양섭취, 신체활동과 그 부상에 대한 상담 및 교육<br>- 진출직업 : 운동처방사<br>- 관련자격 : 스포츠경영관리사, 운동처방사, 임상운동사, 건강관리사, 비만관리사 |
| 금융보험 학과 | - 보험 회사의 신상품 개발, 리스크 관리, 보험자산투자 및 보험경영<br>- 진출직업 : 보험계리인, 손해사정사, 보험심사원<br>- 관련자격 : 보험계리사/중개인, 손해사정인, 금융자산관리사 |
| 부동산 학과 | - 토지의 이용과 개발, 투자활동에서의 경제성, 안정성, 형평성<br>- 진출직업 : 감정평가사, 부동산중개인<br>- 관련자격 : 감정평가사, 공인경매사, CCIM(상업용부동산투자분석사), 공인중개사 |

## 세상에 이런 직업이? : 이색직업의 세계

'세상은 넓고 할 일은 많다'라는 말은 사업가가 되려는 사람에게만 해당되는 것은 아닙니다. 아이들에게 세상에는 많은 직업이 있다는 것을 알려 주고, 보여 주며, 체험하게 해 주세요. 이 시기 아이들 중에는 빵집이나 슈퍼마켓 주인이 되고 싶다는 아이들이 있습니다. 이유를 물어보면 맛있는 것을 많이 먹을 수 있기 때문이라고 대답하지요.

이렇게 자신의 욕구를 충족시켜주고 주위에서 흔히 볼 수 있는 직업을 꿈꾸는 경우가 많기 때문에 꿈의 영토 확장을 위해 다양한 직업세상을 보여주는 것은 아주 중요합니다. 인기 직업을 조사하면 선생님이나 연예인같이 아이들에게 친숙한 직업이 많이 나오는 이유는 '아는 만큼 보이는' 직업세계의 특성을 반영한다고 할 수 있습니다.

그렇다면 주변에서 흔하게 볼 수 있는 직업이 아닌 이색 직업들로 눈을 돌려보는 건 어떨까요? 이색 직업에는 전에는 상상할 수도 없었던 새로운 직업도 있지만 이미 있던 직업이 세분화되거나 발전된 것들도 많이 있습니다. 최근에 눈에 띄는 이색 직업, 앞으로 새롭게 등장할 것으로 보이는 신생 직업에 대해 아이와 이야기를 나눠보세요. 부모님이 실제로 겪었던 사회와 직업의 변화에 대해 들려준다면 이야기가 더 풍부해질 겁니다.

### ●이색 직업은 두 얼굴?

이색 직업을 선택하면 새로운 분야의 선구자가 될 수 있고 경쟁자가 적어 많은 돈을 벌 수도 있습니다. 하지만 상대적으로 일자리가 적고, 그 직업에 대한 교육훈련 체계가 아직 자리 잡히지 않아 직업을 얻기까지 오랜 시간이 걸릴 수 있습니다.

## ● 이런 직업, 저런 직업!

- **웃음치료사** : 웃음으로 사람의 마음을 건강하고 즐겁게 하며 그 영향으로 몸이 건강해지도록 돕는 사람

- **아쿠아리스트** : 대형 수족관에서 물고기들과 함께 쇼를 보여주는 사람

- **캘리그라퍼** : 붓을 사용하는 서예기법을 활용하여 단어 속에 포함된 의미를 글씨로 표현하여 아름답고 독특하게 글씨에 멋을 내는 사람

- **아트워크매니저** : 화보집 촬영을 위해 카메라 앵글 앞에 선 모델들의 포즈를 전문적으로 지도하는 사람

- **화재감식전문가** : 화재가 진압된 후 현장에 투입되어 소방관과 함께 제일 먼저 범죄와의 연관성을 조사하는 사람

- **레이싱미캐닉** : 레이싱을 하는 스포츠카의 운전자와 자동차를 점검하고 안전을 책임지는 사람

• **프로파일러** : 사건현장에 출동해 범죄자가 어떻게 범행을 준비했고, 어떻게 범죄를 저질렀는지, 시신은 어떻게 처리했는지 등 일련의 범죄과정을 과학적으로 재구성하고 이를 통해 범행동기와 용의자의 특징 등을 분석하는 사람

• **슈가크래프터** : 슈가크래프트(Sugarcraft)란 설탕가루에 달걀흰자, 젤라틴 등의 재료를 섞어 반죽을 만들고 색을 넣어 다양한 모양을 만드는 사람

• **기상컨설턴트** : 날씨 정보를 제공하고 이를 다양하게 활용할 수 있도록 도와주는 사람

• **문화재복원전문가** : 보관할 만한 가치가 있는 책을 보수, 복원해 견고하고 아름답게 보존하기 위해 행해지는 작업을 하는 사람

• **작업치료사** : 신체적, 정신적으로 기능이 저하된 사람들이 정상적인 일상생활을 할 수 있도록 다양한 적응훈련을 돕는 사람

cf) 물리치료사 : 몸에 통증이 있거나 손상됐을 때, 운동요법과 치료기기 등을 활용해 환자를 돕는 사람

• **불꽃연출가** : 밤하늘을 무대 삼아 불꽃 공연을 기획하고 연출하는 사람

출처 : 『신생 및 이색 직업』(한국고용정보원, 2006)

## 한국은 좁다, 세계로! 우주로! : 해외직업의 세계

사랑에는 국경이 없다지만 직업에는 더더욱 없습니다. 지구를 벗어나 우주여행이 현실화된 요즘 시대에, 태어나서 죽을 때까지 한 나라에서 일하며 살아야 한다는 생각은 정말 호랑이 담배 먹던 시절 얘기일지도 모릅니다.

우리나라에는 없지만 다른 나라에는 있는 직업도 있고, 또 그 직업들이 조만간 우리나라에 생겨날 수도 있으니까요. 요즘은 다양한 미디어를 통해 해외 문화를 접할 수 있고 직업 세계를 엿볼 수 있습니다. 직업관련 서적이나 신문, 영화 등을 통해 다른 나라의 직업에도 자연스럽게 관심을 가지도록 도와주시고, 우리나라의 직업과는 어떤 차이점이 있는지도 알아볼 수 있도록 해주세요.

이때 해외 직업을 막연히 호기심으로만 보는 것이 아니라 그 나라의 문화와 연관시켜 살펴보도록 도와주세요. 우리와 다른 문화와 가치관이라고 해서 특이하거나 이상한 것이 아니라 그 나라의 문화와 가치관, 그리고 사회제도가 직업에 녹아 있다는 것을 알려주세요.

## ● 미국의 이색직업

• **애완동물전문변호사** : 애완동물과 관련해 법정에 제출해야할 각종 증거물에서부터 소송과 관련된 일련의 문제들을 처리해 준다.

• **인형의사** : 수제인형이나 다양한 종류의 인형을 수선하여 새 생명을 부여한나.

• **동물법의학전문가** : 동물들이 어떤 목적으로 어떤 방법으로 죽었는지 원인을 밝혀 문제를 해결하는 일을 한다.

• **말치과의사** : 수의사 중에서도 말의 이빨치료를 도맡아 하는 사람으로 말이 이빨이 아프면 사람을 태우다 떨어뜨려 다치게 할 수 있고 잘 먹지 못하여 생명에 위험이 있을 수 있으므로 각별히 관리를 하는 사람을 말한다.

• **골프공다이버** : 골프장에서 골프를 즐기던 사람들이 물속에 빠뜨린 골프공을 줍는 일을 한다.

• **매매주택연출가** : 구매자 입장에서 주택을 점검하면서 가구와 실내 장식품들을 재배치하고 따뜻한 기운이 들도록 집안을 재정비하며 필요할 경우 집주인과 상의해 가구와 장식품들을 임대해 효과를 극대화 한다.

함께 해 BoA 요!

## Touch My Job

● 준비물 : 보드판, 말 2~3개(3장에서 만든 가치맨), 카드(빨강, 초록, 노랑, 파랑), 칩 30개

*** 책 뒤에 있는 게임판과 게임카드를 활용하세요.

### 왜 하나요?

보드 게임을 통해, 과거의 직업, 현재의 직업, 직업의 업무내용, 직업에 대한 다양한 생각들을 알아봅니다.

### 어떻게 하나요?

✔ 부모와 아이가 가위바위보를 해서 순서를 정합니다.

✔ 이긴 사람이 먼저 주사위를 던져서 이동합니다.

✔ 도착한 칸의 색상과 같은 카드를 상대편이 한 장 뽑아 퀴즈를 내거나 지시문을 읽어주고, 주사위를 던졌던 사람이 퀴즈를 맞추거나 지시문을 따라 미션을 수행합니다. 성공을 하면 칩 1개를 받을 수 있습니다. (퀴즈나 미션의 성공여부와 관계없이 다음 사람이 주사위를 던져서 게임을 진행합니다.)

✔ 다음 사람도 동일하게 게임을 진행합니다.

✔ 말(가치맨 2~3개)이 먼저 모두 도착하거나, 정해진 시간 안에 칩을 많이 받은 사람이 이기게 됩니다.

*** 카드종류

| 카드색상 | 구분 | 퀴즈 예시 |
|---|---|---|
| 초록 | 현재 직업 | 준비된 재료를 이용하여 음식 만드는 일을 하는 사람은? (정답 : 요리사) |
| 빨강 | 과거 직업 | 손수레에 사람을 태워 원하는 목적지까지 데려다주는 사람은? (정답 : 인력거꾼) |
| 노랑 | 직업 관련 액션 | 발레리나처럼 발레하는 모습을 보여주세요. |
| 파랑 | 진로 관련 생각 | 유치원 때의 꿈은? |
| 과거 직업 목록 : 인력거꾼, 굴뚝청소부, 전화교환원, 물장수, 역관, 소리꾼, 화원, 백정, 원님, 의원, 대장장이, 보부상, 인쇄식자공, 뱃사공, 훈장, 버스안내양<br>현재 직업 목록 : 요리사, 항공기조종사, 큐레이터, 미용사, 여행안내원, 조경사, 펀드매니저, 동물조련사, 지하철기관사, 연예인매니저, 머천다이저, 이벤트플래너, 법의학자, 아쿠아리스트, 프로파일러, 슈가크레프트 | | |

부모 TIP

**게임은 이렇게 활용해 보세요.**

☞ 자녀가 아직 직업에 대해서 잘 모를 경우, 카드에 있는 직업들에 대해서 자녀와 함께 알아보는 시간을 가져보세요. 충분히 연습한 뒤 진행하셔서 자녀 성취감과 유능감을 느낄 수 있도록 해주세요.

☞ 문제가 익숙해졌다면, 아이와 부모님이 문제를 만들어서, 새로운 카드를 만들어서 진행하셔도 좋습니다. 문제를 내기 위해 다양한 자료들을 찾아보는 과정도 아이에게는 소중한 시간입니다.

## 직업 정보의 바다에서 헤엄치기: 책, 인터넷, 직업인 인터뷰

요즘 모든 분야에서 '자기주도적'이라는 말이 유행입니다. 자기주도적 학습이 대표적이지요. 자기주도적 학습은 목표 설정은 물론 계획과 실행, 평가까지 스스로 해나가는 것을 말합니다. 부모님이나 선생님께 의존하지 않고 자기 공부를 스스로 하는 게 중요하듯 미래의 가장 큰 준비인 진로탐색에서도 마찬가지일 겁니다. 물고기를 잡아주기보다 잡는 법을 가르쳐 주는 것이 현명한 것처럼 아이 스스로 직업 정보를 탐색하고 활용할 수 있는 '자기주도적 진로탐색'을 할 수 있게 지도해 주세요.

자기주도적 진로탐색을 하는 방법에는 여러 가지가 있겠지만 책이나 인터넷을 찾아보고 관심 직업을 가진 사람을 인터뷰하는 것이 대표적입니다.

## 직업정보, 여기에서 찾아보세요

### 도서관에 가볼까요?

- 서울시립어린이도서관(http://childlib.sen..go.kr)

  서울 종로에 위치한 어린이 도서관으로 어린이 서적만 20만권을 넘게 보유하고 있다. 책과 관련된 다양한 평생교육 프로그램도 운영하고 있어서 자연스럽게 책을 접할 수 있는 기회가 된다.

- 국립어린이청소년도서관(http://www.nlcy.go.kr)

  서울 강남구에 위치한 도서관으로 어린이(초등학교 저학년), 외국아동(초등학교 고학년 및 영어 그림책), 청소년자료실(14세~19세) 등으로 연령에 따라 도서가 배치되어 있다. 기획전과 테마도서전도 진행하고 있어서 책을 오감으로 느낄 수 있도록 돕는다.

- 지자체별 어린이 도서관

  집근처 도서관을 방문해서 아이가 관심 있어 하는 책을 자주 접하면서 자연스럽게 직업을 탐색하도록 한다.

### 책을 찾아봅시다.

- 깃털 선생님의 넌 꿈이 뭐니?(윤선희/이지우, 파란하늘, 2011)
- 꿈을 꾸어라(MBC희망특강파랑새, 리젬, 2010)
- 꿈을 찾으면 내 직업이 보인다(최명선/문은미/서진아, 이담Books, 2010)
- 높게 그리고 멀리 날아라(원시인/왕정인, 파란하늘, 2011)
- 마법의 직업호야, 내 꿈을 다 펼쳐줘(양승현/채진주, 초록아이, 2011)
- 맨 처음 배우는 세상의 직업(에레오노라 바르소티, 청림아이, 2009)
- 성격과 기질로 알아보는 어린이 직업백과(글공작소, 아름다운사람들, 2010)
- 알쏭달쏭 직업이야기51(김한준, 을파소, 2004)
- 자신만만 직업 여행(최옥임/김민정, 아이즐Books, 2010)
- 직업 옆에 직업 옆에 직업(파트리시아, 미세기, 2009)
- 10살에 떠나는 미래세계직업 대탐험(한상근/최상규, 주니어중앙, 2010)
- 12살, 꿈은 이루어진다(류현아/최상규, 조선Books, 2010)
- 13살 내일을 잡아라(한선정/주명규/이동철, 조선Books, 2009)
- 13세의 헬로워크(무라카미 류, 이레, 2004)

● 인터넷에도 정보가 많아요.

| 기관 | 홈페이지 | 주요 내용 |
|---|---|---|
| 학교알리미 | www.schoolinfo.go.kr | 전국 초/중/고/특수학교 관련 정보 |
| 마이스터고 특성화고 포털 | www.hifive.go.kr | 전문계고 학교 및 학과 찾기<br>진로탐색, 후진학 종합검색, 취업정보마당 |
| 고입정보포털 | www.hischool.go.kr | 학교정보, 입시정보, 전형일정 및 관련 정보 제공 |
| 성북자기주도학습 지원센터 | self.sb.go.kr | 고등학교 진학정보, 대학교 진학정보, 진로정보, 직업정보, 자격증 정보 |
| 서울진로진학정보 센터 | www.jinhak.or.kr | 초중고 진학진로에 관련된 각종 정보제공<br>대학 정보 및 학과정보, 대학별 모집요강 등 제공 |
| 워크넷 | www.work.go.kr | 직업정보, 심리검사 제공 |
| 커리어넷 | www.career.go.kr | 학교급별 심리검사, 직업정보, 학과정보, 학교정보, 진로상담, 진로가이드 등 정보제공 |
| 한국청소년상담복 지개발원 | www.kyci.or.kr | 사이버상담센터 운영 |
| 한국대학교육 협의회 | www.kcue.or.kr | 대학정보, 입시안내, 학과정보, 대입 경쟁률, 논술, 면접, 진로, 진학 정보 제공 |
| 한국전문대학 교육협의회 | www.kcce.or.kr | 대학정보, 입시안내, 학과정보, 경쟁률, 입학상담 |
| 한국가이던스 | www.guidance.co.kr | 진로/적성 관련 심리검사 및 상담 |
| 진학사 | www.jinhak.com | 각 대학 및 학과별 입시요강, 입시결과 분석 등 다양한 입시 관련 자료 제공 |
| 한국산업인력 공단 | www.q-net.or.kr | 각종 자격증정보 |
| 에듀넷 | www.edunet.net | 수업자료, 교과학습, 학년별 커뮤니티 제공, 사이버 가정학습 |

## 함께 해 BoA요! 직업지도 그리기

● 준비물 : 직업인 인터뷰 활동지

### 왜 하나요?

직업이 멀리 동떨어져 있는 막연한 것이 아니라 우리 가까이에서 생각해볼 수 있다는 것을 알려주세요.

### 어떻게 하나요?

✔ 인간관계 중심 직업지도 그리기

가계도에 따라 친척들의 직업에 대해서 알아보거나 주변 사람들의 인간관계망에 따라 직업지도를 그릴 수 있습니다.

**나의 직업가계도 그리기**

**나의 인간관계 직업지도 그리기**

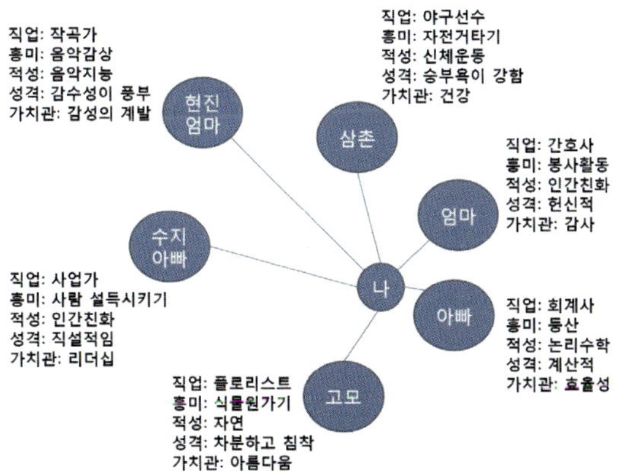

✔ 장소 중심 직업지도 그리기

아이와 함께 현재 살고 있는 지역의 지도를 그리고, 그 지도에 자신이 알고 있거나, 관심있는 직업을 가진 사람들이 일하고 있는 위치를 표시해보세요.

부모 TIP

### 아이들이 그리기 편한 방법으로 그리게 해주세요.

☞ 가족이나 친척 등 주변의 가까운 관계에 있는 인물들을 생각해 보는 것도 의미가 있으며, 친인척 이외에 자주 만나는 인물들을 그리고 싶어한다면, 함께 그리는 것도 용이합니다. 아이들이 가계도를 그리기 어려워하면, 아이들이 그리기 편한 형태로 관계도를 그리는 것도 괜찮습니다.

### 직업인 인터뷰를 해보세요.

☞ 직업지도를 그리면서 아이가 관심이 있는 직업을 가진 사람이 있다면, 아이와 함께 그 직업인을 만나보거나 인터뷰를 하는 것도 좋은 경험이 될 것입니다. 인터뷰를 할 때는 아이들과 같이 알아봤던 성격유형, 가치관, 흥미, 적성 등을 알아보는 것이 아이들에게도 더욱 효과적일 것입니다. 마지막에는 자신이 질문을 만들어서, 궁금한 것을 생각해보도록 하는 것도 좋은 연습이 될 것입니다.

부모나래 블로그(blog.naver.com/bumo_narae)에서 다운받아 사용하세요.

## 직업인 인터뷰

| | |
|---|---|
| 인터뷰 해보고 싶은 직업인 | |
| 언제부터 이 직업을 꿈꾸셨나요? | |
| 가장 보람 있었던 때는? | |
| 가장 힘들었을 때는? | |
| 어떤 것들을 좋아하거나 잘해야 하나요? | |
| 어떤 가치관이 필요할까요? | |
| 이 직업을 해보고 싶어하는 사람들에게 한 말씀 | |

## ● 직업인 인터뷰는 이렇게 하세요. : 법의학자

Q : 하는 일은?

A : 시체를 부검해서 사망 원인을 밝히고, 손상 여부와 매커니즘을 밝히는 것이 법의학이다.

Q : 직업을 선택한 동기는?

A : 공부를 하고 병리학 전문의가 된 후, 남들이 안하는 다른 것을 하고 싶은 마음에 법의학을 선택하게 되었다.

Q : 직업준비의 경로는?

A : 감식전문가를 양성하는 대학이나 학과는 다양하지만, 그곳은 의대랑 다른 일반 대학이다. 범죄학과를 졸업한 후 그쪽 파트에 들어가서 활동할 수도 있고, 유학을 고려해 보는 것도 좋을 것 같다.

Q : 직업의 특성은?

A : 현장검증을 통해 시체를 확인하고, 사인 및 자살과 타살 여부를 면밀히 살펴보고, 타살로 결정이 날 경우 수사의 방향을 정하고 판단한다. 초기 판단이 제일 중요하고, 그 후에 더 정확한 사인 확인을 위하여 부검을 의뢰하게 된다.

Q : 자기계발(필요한 능력, 학습내용 등)은?

A : 각 분야별로 DNA는 생물학을, 약독물은 약학을, 화재원인 등을 분석하고자 한다면 전기공학을, 범죄심리와 관련해서는 심리학이나 프로파일링 심리학 등을 공부해야 한다.

Q : 직업의 어려운 점은?

A : 시체는 말이 없기 때문에, 사건의 작은 단서를 찾기 위해서는 며칠 밤을 새울 수 있는 체력과 시체와도 함께 하는 담력이 필요하다. 자칫 그냥 넘어갈 뻔 했던 억울한 죽음의 진실을 밝히는 것이 가장 큰 보람이지만, 책임감이 무거워지기도 한다.

Q : 직업전망은?

A : 앞으로 늘어날 것으로 보인다.

Q : 직업선택을 위한 조언은?

A : 법의학자가 되기 위해서는 우선 의대에 진학해야만 하고 의학을 공부하면서도 내가 정말 법의학자가 되고 싶은지를 곰곰이 생각해봐야 한다. 실질적인 훈련은 졸업 후에 이루어지므로 충분히 여러 분야를 공부하고 나서 장래를 결정해도 늦지 않다.

또한 법의학과 관련된 법과학의 분야에서 일을 하고 싶다면 그 분야의 전문가가 되는 것도 좋은 방법이고, 실제 범죄 수사와 관련해서 일을 하고 싶은 경우에는 경찰이 되는 것도 한 방법이다. 현장감식반의 과학수사관으로 배치를 받고 활동할 수 있다.

## 지금 빛나는 직업보다 앞으로 '빛날' 직업을 보세요

우리 아이들이 어른이 될 무렵에는 어떤 직업세계가 펼쳐질지 아무도 모릅니다. 이른바 전망 좋은 직업이라는 것도 지금과는 많이 달라질 겁니다. 부모님들이 지금 괜찮다고 생각하는 직업들이 30년 후에도 계속 '괜찮은' 직업이리라는 보장은 없습니다. 지금 빛나는 직업보다 앞으로 빛날 직업을 찾아보는 게 중요하다는 말입니다.

그렇다면 어떤 직업이 과연 전망 좋은 직업일까요? 그 기준은 사회마다, 또 시대별로 다를 수 있습니다. 보통 돈을 많이 버는 직업이 전망 좋은 직업이라고 생각하지만, 요즘에는 안정적인 직업을 더 선호하는 경향도 있고, 첨단 분야의 직업을 미래 유망 직업이라고 하는 경우도 있습니다.

일반적으로 다른 직업에 비해 일자리가 늘어나고 돈을 많이 벌 수 있는 직업을 유망 직업이라고 하지만, 사람마다 기대수준과 가치관이 다르므로 절대적이고 영원한 유망 직업이라고 할 수 있는 것은 없습니다.

직업전망에는 사회변화가 많은 영향을 미칩니다. 환경에 대한 관심이 증가하면서 관련 직업이 각광을 받고 있고, 고령화 사회에 접어들면서 의료·복지·실버산업에서 많은 일자리가 창출될 가능성이 있습니다. 또 반대로 쇠퇴하는 직업도 있습니다. 예를 들면, 디지털 시대가 되면서 전화교환원, 타이피스트 같은 직업은 이전의 명성을 찾아보기 힘들게 되었습니다.

직업전망은 계속 변화합니다. 직업전망 자료들이 정기적으로 업데이트되는 것도 다 그런 이유 때문입니다. 패션이나 드라마에만 트렌드가 존재하는 것은 아닙니다. 진로나 직업과 관련된 많은 정보들은 사회변화에 따라 수시로 달라지므로 아이들이 관심 있어 하는 직업에 관해서 부모님들이 지속적으로 모니터링 할 필요가 있습니다.

## 한국의 직업전망을 볼 수 있는 자료들

- 한국직업전망 : 국내직업을 대표하는 200여 개 직업에 대한 상세정보와 고용전망 수록
- 한국직업정보시스템 : 해당직업 재직자들이 전망하는 향후 5년간의 고용전망 수록
  (www.work.go.kr)
- 미래의 직업세계 : 청소년의 관심이 높은 직업들에 대한 고용전망 수록
  (www.career.go.kr)

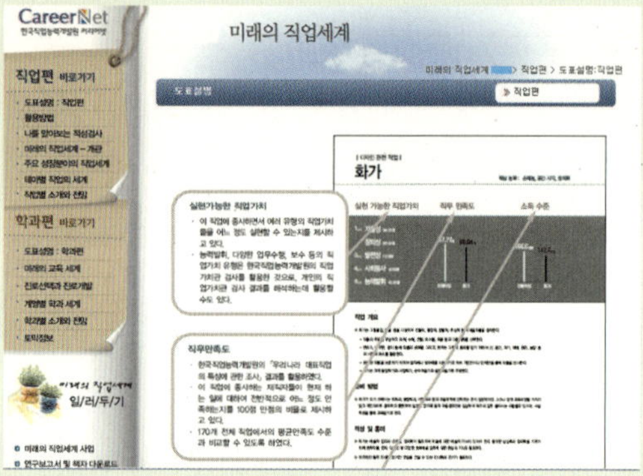

● 2030년 어느 날의 일기 : 미래 직업의 세계

오늘도 지각이다. 어젯밤 로봇경기를 보느라 늦게 자서 모닝콜 로봇의 소리도 듣지 못했다. 은하계로 여행가신 부모님이나, 목성에서 대학을 다니고 있는 동생이 있었다면 깨워줬을텐데, 아, 모닝콜 로봇 최신형으로 바꿀까봐.

일어나자마자 건강 센서를 확인했다. 가까운 병원과 연결되어 있는 건강체크 시스템에서 짜게 먹지말라는 기계음이 흘러나온다. 코디로봇이 맞춰주는 '오늘의 옷' 을 입고, 아침은 간단히 과일 몇 가지와 신선한 우유가 혼합된 캡슐로 해결했다.

하지만 이렇게 서둘러도 화성에 있는 사무실로 가기에는 너무 늦었다. 순간이동기를 사용하면 되겠지만 한 달치 월급이라 너무 비싸다. 보급형은 언제 나오는 걸까. 어쩔 수 없이 재택근무를 신청하고, 가상 회의실에 접속하여 세계 200개국의 동료직원들과 회의를 했다.

우리 팀은 최근 사막의 모래 바람을 이용한 대체 에너지 개발에 힘을 쏟고 있어서 내일은 사하라 사막으로 출근을 해야 한다. 요즘엔 '어디로든 문' 만 열면 지구 어디든지 바로 갈 수 있어서 아주 편하다.

점심에는 캐나다의 '록키산맥 빙하에너지 개발팀' 과 약속이 있다. '어디로든 문' 을 열고 나가려고 하니 손잡이가 더러운 것이 눈에 띈다. 청소 로봇에 '청소와 소독 2시간' 을 설정해 놓고 가야겠다.

함께해 BoA요! 

# 직업나무 만들기

● 준비물 : 직업나무만들기 활동지

### 왜 하나요?

자신이 관심 있는 주제와 관련된 다양한 직업들을 알아보고, 그 외에도 새로 생길 수 있는 직업들에 대해서 상상하고 탐색하는 활동을 통해서 진로에 대해서 보다 넓게 생각하는 기회를 갖게 됩니다.

### 어떻게 하나요?

✔ 부모와 아이가 같이 JAM통에서 물건을 하나 선정합니다.
   예) 장난감, 핸드폰

✔ 부모와 아이가 같이 큰 종이에 나무를 하나 그리고, 나무에 열매를 그립니다(또는 활동지 사용).

✔ 아이가 선정한 주제와 연관되어 있는 직업들을 찾아보고, 나무 열매 안에 직업의 이름을 적어봅니다.

✔ 가능한 한 많은 직업의 이름을 적어봅니다.

✔ 아이가 적어 본 직업에 대해서 이야기를 해보고, 미래에는 어떤 직업이 생길 것인지 상상해보고 적어보도록 합니다.

부모TIP

**세상은 넓고, 직업은 많다.**

☞ 세상에 다양한 직업이 있다는 것을 아이가 느끼는 것이 중요합니다. 초등학교 시기는 진로발달 단계 중 진로에 대한 탐색을 하고, 확장을 하는 시기입니다. 다양한 직업에 대한 관심을 가지고 자신의 포부를 넓혀 가도록 지도해 주세요.

**다양한 정보제공을 통해, 확장시켜 주세요.**

☞ 책이나 정보검색 등을 통해, 흥미가 있는 물건과 직업을 연결시키면 좋습니다. 직업은 시대의 흐름에 따라 유동성이 있기 때문에, 새롭게 신생 직업 등이 많이 나오게 됩니다. 자신이 관심 있는 물건이 직업과도 연결될 수 있다는 것을 알려 주세요.

**아이가 상상의 나래를 펼치는 기회가 되도록 잘 들어주세요.**

☞ 미래의 직업에 대해 이야기할 때는 아이의 상상력과 아이디어에 대해 긍정적인 반응을 보여주시는 것이 필요합니다. 엉뚱한 아이디어이거나 터무니없어 보여도 희망과 포부를 가지고 간다면 그 결과는 누구도 예측할 수 없는 것이니까요.

부모나래 블로그(blog.naver.com/bumo_narae)에서 다운받아 사용하세요.

## ■ 직업나무 만들기

## <참고자료>

■ 신생직업알아보기

| 직업명 | | 직무개요 |
|---|---|---|
| SNS | 소셜큐레이션 서비스기획자 | 소셜큐레이션은 미술관의 큐레이터처럼 온라인과 소셜네트워크에서 질 좋은 콘텐츠를 수집하고 엄선해 편집하고, 그 컨텐츠를 더 가치 있게 만들어 공유할 수 있도록 도와주는 개념으로 소셜큐레이션서비스기획자는 이러한 서비스가 가능한 인터넷 또는 모바일 응용프로그램을 기획하는 일이다. |
| | 소셜커머스품질 관리자 | SNS를 활용한 공동구매 상품의 품질을 검수하고 보증하는 업무를 수행한다. |
| | 디지털마케터 (SNS마케팅전문가) | 인터넷, SNS(블로그, 트위터, 미투데이, 페이스북 등)채널과 휴대폰, 태블릿PC 등 디지털 매체 등을 통해 상품을 기획한다. |
| 착한만남 | 공정여행기획자 | 여행지의 지역경제 활성화를 궁극적인 목적으로 하여 기존의 여행형태에서 벗어난 형태의 공정여행 상품을 기획한다. 즉, 여행자와 여행대상국의 국민이 평등한 관계를 맺는 공정여행이 되도록 관련 상품을 기획한다. |
| | 공정무역전문가 | 국가간 동등한 위치에서 이루어지는 무역을 뜻하는 공정무역이 가능하도록 담당 상품에 대한 일련의 공정무역 프로세스를 기획하고 운영한다. 공정무역의 취지인 생산자와 소비자 간의 직거래, 공정한 가격, 건강한 노동, 환경 보전, 생산자의 경제적 독립 등이 무역활동에 포함되도록 업무를 추진한다. |
| | 재능기부 코디네이터 | 전반적인 재능기부 활동을 기획하고 자신의 재능을 기부할 인재와 재능기부가 필요한 곳을 알선한다. |
| 함께돌봄 | 인터넷게임중독 치료전문가 | 인터넷게임에 중독된 사람들을 대상으로 중독상태를 진단하고 적합한 치료방법을 제시해 중독을 치료한다. |
| | 자살예방상담가 | 자살을 시도하려 하거나 자살로 힘들어 하는 사람들을 대상으로 상담과 자살예방 교육을 실시한다. |
| 그린잡 | 제품환경컨설턴트 | 상품기획, 제품설계, 생산, 마케팅 등 제품이 나오는 단계마다 제품에 친환경 요소들이 들어가도록 아이디어를 내고, 대안을 분석·평가하여 제품에 환경친화적인 요소들이 포함되도록 자문한다. |
| | 에코제품디자이너 | 재활용이 가능한 재료를 수집해 재료의 특성에 맞는 친환경 제품을 디자인/상품화한다. |
| | 도시농업활동가 | 도시농업 보급 확대를 목적으로 도시농업에 적합한 농법을 개발, 보급하고 도시텃밭 멘토를 양성한다. 도시농업 관련 자재 개발과 도시농업 관련 사업을 기획하기도 한다. |
| | 환경교육강사 | 환경단체 및 환경 관련 교육센터에서 기후변화교육, 에너지교육 등 다양한 환경교육을 수행한다. |
| | 오염부지정화 연구원 | 오염부지를 정밀 조사하고 시공설계 및 정화시공에 이르는 일련의 업무를 수행한다. |
| | 인공어초연구 개발자 | 구조, 재료 등 정부의 기준치를 충족할 수 있는 인공어초 연구와 어류, 패류, 해조류 등 생태특성에 부합하는 인공어초 연구를 수행한다. |
| | 스마트그리드 통합운영원 | 스마트 그리드(기존 전력망에 IT기술을 접목한 지능형 전력망)와 연동된 전력시장과 전력계통망을 통합적으로 운영한다. |

| | 직업명 | 직무개요 |
|---|---|---|
| 경영·마케팅 | 디지털음원마케터 | 온라인으로 유통되는 디지털 음원시장에서 모바일 및 SNS 마케팅, 프로모션 등을 통해 음원을 마케팅 한다 |
| | 방송콘텐츠마케팅 디렉터 | 드라마와 예능프로그램 같은 방송프로그램을 해외 다른 나라 방송사와 배급사에 수출하는 일을 한다. 이 직업은 한류 열풍을 배경으로 등장하였다. |
| | 바이오물류전문가 | 고객에게 적합한 운송 솔루션을 파악하여 물류 프로세스 전반을 디자인했다. 주로 CRO (임상시험전문기관), 병원, 제약회사, 등의 의뢰를 받아 백신 완제품, 원료 의약품, 세포치료세, 임상관련 검체(혈액, 조직, 소변, 상피세포 등), 이식용 생체조직 등을 배송한다. |
| | 원산지관리사 | FTA 관련 컨설팅, 원산지 판정과 원산지 증명서 발급을 돕는 일. 원산지증명시스템 구축사업을 수행한다 |
| | 호텔레비뉴매니저 | 호텔의 매출 증대를 위해 일, 월, 연 단위로 상황에 적합하게 호텔 숙박료를 조정하고 결정한다. |
| 첨단기술·IT | 로봇공연기획자 | 로봇을 이용한 공연이나 퍼포먼스 같은 문화 컨텐츠를 기획하고 연출한다. |
| | 실버로봇서비스 기획자 | 노인 대상 필요한 서비스를 파악해 이를 로봇이 대신할 수 있는 서비스를 기획한다. |
| | 우주전파예보관 | 우주전파환경의 변화를 예측하고, 이러한 변화가 위성이나 지상의 방송통신 시스템 등에 끼치는 영향을 분석한다 |
| | 핵융합로 연구개발자 | 핵융합로의 구조를 설계하고 재료를 연구한다. 지속적인 핵융합이 이루어질 수 있는 환경을 효과적으로 구성하는 방법을 개발하고 이를 실제로 구현한다. |
| | 빌딩정보모델링 (BM) 전문가 | BM은 가상공간, 즉 컴퓨터상에 시설물의 모든 정보를 3차원적으로 구현하면서 실무에 필요한 산출물을 만들어가는 과정을 뜻하며, BM전문가는 건축의 설계, 시공, 유지 관리 단계에서 BM을 적용해 더 안전하고 친환경적이며 경제적인 시설물을 구현한다. |
| | 디지털포렌식 수사관 | 범죄수사의 단서가 되는 디지털 자료를 확보하고, 복구하며, 이를 분석하여 법적 증거자료로 만들어 제출하는 일을 한다 |
| | 음성인식UX 디자이너 | AUI(Auditory User Interface)의 한 분야인 VU(Voice User Interface)에 대한 사용자 경험을 연구하고 제품이나 서비스 개발에 반영한다. |
| 문화·웰빙 | 큐그레이더 | 커피 품질의 등급(grade)을 정하는 일을 한다. 커피의 원재료인 생두의 품질과 맛, 특성을 감별해 좋은 커피콩을 선별하고 평가하며, 커피 수입, 로스팅, 음료판매 부분에 관여한다 |
| | 메디컬일러스트레이터 | 세밀화, 일러스트, 2D, 3D, 각종 그래프 등 의학과 관련한 모든 정보의 이미지화를 통해 의학 관련 연구업무를 지원한다. |
| | 반려동물사진작가 | 개인이나 기업체의 의뢰에 따라 반려동물의 사진을 전문적으로 촬영한다. |
| | 모유영양분석가 | 모유의 영양상태를 분석하고 영양상태를 제고하기 위한 식단을 제안한다. |
| | 아기변성진단가 | 아기의 똥 사진을 보고 아기의 건강을 분석하고 분석결과를 의뢰인에게 설명한다. 변의 특성을 통해 아기들의 질병과 발육상태 등에 대한 질문에 답변을 제공한다 |
| | 문화PD | 지역의 문화, 역사, 관광, 예술, 축제 등을 소재로 해서 국민들에게 서비스할 수 있는 영상을 기획, 제작하는 문화전달자의 역할을 한다. |

(2013년 신생 및 이색직업, 고용정보원)

쉼표

## 뿌리 깊은 나무

모소 대나무(moso bamboo)가 '급성장'의 상징물로 언급될 때가 종종 있습니다.
5년의 기다림에 비하면 그 성장이 괄목한 만한 것이기 때문이겠지요.
하지만 이것은 땅 위에서 바라보았을 때에만 해당되는 이야기입니다.

몇 년간 움직임 없던 싹이 단 6주 만에 20-30미터로 자라날 수 있었던 이유는,
뿌리가 보낸 인고의 세월 덕분입니다.
땅 위에서는 아무런 변화 없어 보이는 그 시간 동안
땅 밑에서 수십 미터 뻗어가는 수고가 있었기 때문이지요.

아이들을 보면서도 종종 답답할 때가 있습니다.
쏟아 부은 것들에 비하면 아무런 결과도 없는 것 같아 불안해질 때도 있습니다.
언제까지 기다려야 할까,
빨리 또 다른 선택을 해야만 하는 것은 아닐까 초조해지기도 합니다.

나무가 자랄 때 수액이 높은 줄기까지 올라가려면
밑의 물을 빨아올리는 힘과 뿌리로부터 위로 밀어올리는 힘,
이 두 가지가 모두 필요합니다.
자양분을 내 것으로 만들 수 있는 경험과
또 그 경험들을 집약해서 하나의 동기가 되게 하는 것이 필요합니다.
모두 기다림의 시간이 필요한 것이지요.

매미가 금빛 날개를 펴기까지
적어도 6-7년 땅 속에서 수액을 먹으며 기다려야 하는 것처럼,
우리 아이도 땅 밑에서 뿌리를 뻗는 시간이 필요합니다.
열매를 맺는 나무이기 전에 뿌리를 튼튼히 뻗는 나무가 될 수 있도록 지켜봐주세요.

✓ 다양한 체험프로그램을 찾아보세요

✓ 체험만 한다고 다 되는 건 아닙니다

5
Chapter

# 체험해 보면 깊이가 다릅니다

# 체험해 보면 깊이가 다릅니다

## 다양한 체험프로그램을 찾아보세요.

관심 있는 직업을 좀 더 자세히 알고, 어려움과 보람까지도 알고 싶다면 '경험'이 답입니다. 최근 진로교육의 트렌드 역시 바로 '체험'입니다. 학교 안팎에서 다양한 체험활동을 할 기회가 많아졌습니다.

직업의 세계도 실제 경험해 보지 않고는 자세히 알 수 없습니다. 아무리 다양한 자료를 탐색하고 정보를 많이 알고 있다고 하더라도 본인이 직접 경험하지 않는다면 그 직업의 모든 면을 안다고 할 수 없습니다. 그런 점에서 체험의 기회가 많아졌다는 것은 반가운 사실입니다. 자신이 직접 경험하는 것 외에 해당 직업인들을 만나봄으로써 미래의 자기 모습을 구체화할 수도 있고, 살아 있는 직업이야기를 들을 수도 있으며 그동안 가지고 있었던 궁금증을 해소할 수 있습니다.

아이가 관심을 가진 직업이 있다면 다양한 체험기회를 가지도록 도와 주세요. 초등학생은 나이가 어리거나 키가 작아서, 또는 안전에 대한 우려때문에 체험활동에 제약이 따를 수도 있습니다. 그럴 경우에는 직접 경험하는 것도 좋지만 활동 시연을 관찰하거나 전시, 관람 등의 활동 위주로 경험하는 것도 좋습니다.

많은 돈과 시간을 투자해야 꼭 좋은 결과가 나오는 것은 아닙니다. 자동차박물관, 화장품박물관, 항공우주박물관처럼 해당 분야의 변화상과 특징을 잘 표현한 박물관을 탐방하는 것도 직업세계를 경험하고 탐색해 보는 좋은 기회가 될 수 있고 직업인의 모습을 생생하게 다룬 다큐멘터리도 좋은 체험 교재가 될 수 있습니다.

부모님이나 친척이 근무하는 회사에 가서 어떤 일을 하는 지를 보여 주는 것도 좋고, 자주 가는 병원, 마트, 빵집 등에서 사람들이 어떤 일을 하는지 알아보고 궁금한 것을 물어보는 것도 좋습니다.

그리고 요즘은 학교나 청소년 관련 기관에서 직업체험 프로그램을 운영하는 곳도 많으며 아이들을 위해 운영하는 유료 직업체험시설도 있으니 이용해 보는 것도 좋습니다. 소방관 옷을 입고 진화 작업을 해보기도 하고, 카메라 앞에서 아나운서처럼 진행을 해보면서 꿈에 대한 자신감을 키울 수 있을 것입니다.

## 함께 해 BoA요! 나의 진로체험 Best 3

● 준비물 : 나의 진로체험 Best3 활동지

### 왜 하나요?

진로체험을 소재로 즐거웠던 기억을 떠올리며 이야기하다 보면, 아이의 흥미와 관심직업을 알 수 있을 뿐만 아니라 부모가 미처 몰랐던 혹은 부모의 생각과는 다른 아이의 특성도 발견하게 됩니다.

### 어떻게 하나요?

✔ 지금까지 해 본 진로체험들을 가능한 한 많이 찾아 적어봅니다.
✔ 진로체험 사진들을 함께 보면서 그 때의 기억을 떠올려 이야기를 나눠보세요.
✔ 그 중 가장 기억에 남거나 재미있었던 진로체험 3가지를 골라서 적어보게 하세요.
✔ 이때, 부모도 아이의 '진로체험 BEST 3'를 추측해서 적습니다.
✔ 부모와 아이의 '진로체험 BEST 3'를 서로 비교하며 공통점과 차이점을 찾아 이야기를 나눠보세요.
✔ 아이가 뽑은 3가지 진로체험에 대해 어떤 점이 좋았는지, 관련 직업은 무엇인지 등을 물어보세요.

**부모 TIP**

**부모의 답과 자녀의 답을 비교해보세요.**

☞ 부모가 추측한 '진로체험 BEST 3'와 아이가 직접 뽑은 '진로체험 BEST 3'를 비교하면서 이야기를 나누다보면 아이를 보다 잘 이해하게 되고, 나아가 부모·자녀 관계가 한결 가까워지는 기회가 될 수 있습니다.

부모나래 블로그(blog.naver.com/bumo_narae)에서 다운받아 사용하세요.

## 나의 진로체험

♣ 진로 체험을 갔던 장소들을 떠올려 적어보세요.

♣ 그 중 가장 기억에 남거나 재미있었던 진로체험 3가지를 적어보세요.

| 나의 BEST 3 | 엄마의 BEST 3 |
|---|---|
| | |
| | |
| | |

부모나래 블로그(blog.naver.com/bumo_narae)에서 다운받아 사용하세요.

## 나의 진로체험 BEST3

| 탐 색 항 목 | 순위 | | |
|---|---|---|---|
| | 1 | 2 | 3 |
| 체험 장소<br>(예. 경찰박물관) | | | |
| 언제 갔었나요?<br>(예. 7살 혹은 2010년 봄) | | | |
| 누구와 갔었나요?<br>(예. 엄마, 동생) | | | |
| 어떤 직업을 체험했나요?<br>(예. 교통경찰, 형사) | | | |
| 기억에 남거나 재미있었던 점은 무엇인가요? | | | |
| 힘들었던 점은 무엇인가요? | | | |
| 새롭게 알게 되거나 느낀 점은 무엇인가요? | | | |

함께 해 BoA요!

# 꿈북 만들기

● 준비물 : 활동지 또는 색도화지, 가위, 풀, 색연필 혹은 싸인펜

### 왜 하나요?

아이가 가장 좋아했던 진로체험의 기억을 떠올리고 상징물을 만들어 JAM통에 담게 합니다.

### 어떻게 하나요?

✔ 종이를 접거나 풀로 붙여 미니북(계단북, 십자책 등)을 만듭니다.
✔ 표지에 제목과 이름을 적습니다.
✔ 앞에서 정한 '진로체험 BEST 3' 중 하나를 선택합니다.
✔ 진로체험 사진을 출력해서 원하는 위치에 붙입니다.
✔ 각 장마다 다음과 같은 내용을 적어 넣고 예쁘게 꾸밉니다.

* 진로체험 시기와 장소
* 만난 사람이나 직업
* 활동 내용
* 기억에 남는 점 혹은 좋았던 점
* 힘들었던 점

## 꿈북 만들기

○○이의 꿈북

진로체험 Best 3

사진

★ 언제?

★ 어디?

★ 내가 만난 사람

| 이름 | | 직업 | |
|---|---|---|---|

★ 무슨 활동

★ 기억에 남는 활동

★ 힘들었던 점

함께해 BoA요!

# <진로체험>카드게임

● 준비물 : 직업카드 37장, 체험카드 40장, 황금열쇠 카드 3장

*** 책 뒤에 있는 카드를 활용하세요.

## 왜 하나요?

직업마다 그것을 체험하는 다양한 방법이 있다는 것을 알고, 생활 속에서 이를 실천하도록 유도하기 위한 활동입니다.

## 어떻게 하나요?

✔ 엄마와 아이가 각자 같은 수(8~10장)의 <체험 카드>를 나누어 갖습니다.

✔ 한쪽에는 <직업카드>를, 다른 한쪽에는 나머지 <체험 카드>를 엎어서 쌓아둡니다.

✔ 아이가 먼저 <직업카드> 중 한 장을 뒤집어서 카드에 적힌 직업이름을 말합니다.

✔ 임마와 아이가 각자 자기가 가지고 있는 <체험카드> 중 앞에 놓인 <직업카드>의 직업에 대해서 알아보기 위하여 할 수 있는 <체험카드>를 1장 내면서 <직업카드>와 <체험카드>의 관련성을 설명합니다.

✔ 제출할만한 카드가 없거나 적절치 못한 카드를 내면 다른 쪽에 쌓인 직업체험 카드들 중에서 1장을 새로 가져가야 합니다.

✔ 가장 먼저 카드를 소진하거나 정해진 게임 시간 경과 후 남아있는 카드수가 가장 적은 사람이 이깁니다.

<예시>

부모 : ('외교관'이라고 적힌 직업이름 카드를 들어 보이며) 외교관

아이1 : ('도서관에 가요'라고 적힌 직업체험 카드를 내면서)

외교관에 대한 책이나 반기문 사무총장의 자서전을 읽어요.

아이2 : (직업체험 카드 '미술관에 가요'를 내면서) 전시회를 보러 가요.

부모 : 외교관과 미술관? 무슨 관련이 있을까?

아이2 : 지난번 시립미술관에서 한 · 중외교 ○주년 기념사진전할 때 갔었잖아요

부모 : 아, 정말 그렇구나. 장래희망이 외교관이면 전시회를 통해 다른 지역의 문화와 풍물을 보고 간접 경험하는 게 도움이 되겠다. 좋은 직업체험이 되겠는걸.

부모TIP

### 세 명이 게임할 수도 있어요

☞ 엄마와 아이 둘, 세 명이 게임을 하는 경우에도 각자 같은 수의 직업체험 카드를 나누어 갖고 같은 방식으로 게임을 진행하면 됩니다. 세 명이 돌아가면서 한 장씩 직업이름 카드를 뒤집어서 제시합니다.

### 황금열쇠 카드를 활용해보세요

☞ 황금열쇠 카드를 활용하면 더 재미있어요. 낼만한 카드가 마땅히 없는 경우 황금열쇠 카드를 내면서 체험방법을 자유롭게 지어서 말할 수 있습니다.

## ● 체험프로그램 정보는 어디서?

□ 공공기관을 활용하세요.

- 한국잡월드 : http://www.koreajobworld.go.kr
- 상공회의소 : http://www.korcham.net
- 국회 : http://memorial.na.go.kr/visitor
- 법원 : http://slgodung.scourt.go.kr
- 기상청 : http://www.kma.go.kr
- 소방방재청 : http://www.nema.go.kr
- 서울시립청소년미디어센터 : http://www.ssro.net
- 국립과학수사연구원 : http://www.nisi.go.kr
- 하자센터 : http://www.haja.net/
- 북촌문화센터 : http://bukchon.seoul.go.kr
- 서울시립미술관 : http://seoulmoa.seoul.go.kr
- 서울상상나라 : http://seoulchildrensmuseum.org
- 시군구 영어마을

□ 민간기관도 찾아보세요.

- 키자니아 : http://www.kidzania.co.kr
- MBC 스튜디오 투어 : http://withmbc.imbc.com
- KBS 견학홀 : http://office.kbs.co.kr/kbson
- SBS 견학 : http://www.sbs.co.kr

□ 기업, 대학, 청소년 수련관, 상담센터 등에서 운영하는 체험프로그램과 체험관련 박람회도 방문해 보세요.

## ● 학교에서도 직업체험을 할 수 있어요

### □ 창의적 체험활동이란?

창의적 재량활동과 특별활동을 합친 것으로 동아리활동, 자율활동, 진로활동, 봉사활동으로 이루어져 있습니다. 고등학교나 대학교에 진학할 때 활용될 수 있으므로 활동내용을 꼼꼼히 기록해 두는 게 좋습니다. 특히 대학입시에서 입학사정관 전형이 확대되면서 수능이나 내신 못지않게 창의적 체험활동이 중요해지고 있습니다.

한국과학창의재단인 크레존(www.crezone.net)에서 창의적 체험활동 프로그램과 교육기관을 찾아볼 수 있어요.

### □ 에듀팟이란?

에듀팟(www.edupot.go.kr)은 창의적 체험활동 종합지원 시스템입니다. 학교 안팎에서 다양한 교과외 활동에 참여한 다음 그 내용을 스스로 기록하는 공간입니다. 활동한 내용, 새롭게 배우고 느낀 점, 앞으로의 계획 등을 꾸준히 써 나가면 '나만의 진로 포트폴리오'를 만들 수 있습니다.

## ■ 완벽한 체험을 위한 꼼꼼체크

- ✓ 예약이 가능한 곳이라면 미리 예약을 하세요. 이때 시간당 수용인원, 체험가능인원, 실제체험시간 등도 꼼꼼히 살펴보세요.
- ✓ 부모의 간섭은 금물, 아이가 원하는 체험활동을 하세요.
- ✓ 체험을 통해 얻을 수 있는 것에 대해 이야기를 미리 나누세요.
- ✓ 부모님의 체험이 아니라 온전히 아이의 체험이 되도록 도와주세요.
- ✓ 아이가 좋아하고 관심 있는 직업중심으로 체험하게 하여 관심을 유도하세요.
- ✓ 체험 후에는 인상에 남는 것, 관심 있었던 것 등에 대해 아이에게 질문해보세요.
- ✓ 체험활동 내용과 소감을 기록하고 사진이나 그림을 덧붙여서 진로포트폴리오로 활용하세요.

## 체험만 한다고 다 되는 것은 아닙니다

무조건 체험만 한다고 다 되는 건 아닙니다. 꼼꼼하게 준비하고 고민해야만 체험의 진가가 발휘될 수 있습니다. 어떤 목적으로 체험하는지, 관련된 직업은 무엇인지, 그 체험을 통해 무엇을 얻을 수 있는지 등을 아이와 함께 생각해 보세요. 다른 친구들의 체험활동 후기를 함께 읽어보는 것도 좋고, 관련 직업에 대한 정보를 미리 알고 가는 것도 필요합니다. 또 체험프로그램에 참여했던 부모나 교사들의 이야기도 들어보면 좋습니다.

체험활동을 통해 평소 관심 있던 직업을 경험하고 관찰함으로써 그 직업에 대한 애착과 관심이 더 커질 수도 있지만 오히려 그 직업에 대한 환상과 동경이 깨지는 계기가 되기도 합니다. 아이에게 체험활동에 대한 지나친 부담을 갖게 하는 것은 좋지 않습니다. 즐겁고 흥미로운 활동임을 알려주고 그 과정에서 말이나 글이 아닌 눈으로 보고, 몸으로 느끼는 것이 더 중요하다는 걸 알게 하면 됩니다.

체험활동 기록은 어떻게 하는 것이 좋을까요? 체험학습 주제, 기간, 동기나 목적, 내용(준비과정, 계획, 진행과정 등), 느낀 점, 학습 내용 등을 쓰면 됩니다.

함께해 BoA요!

# 진로체험 계획 세우기

## 왜 하나요?

실제로 자신의 관심 직업을 체험할 수 있는 적절한 방법을 찾고, 필요한 정보를 검색하는 연습을 해봅니다.

## 어떻게 하나요?

- ✔ '창의인성교육넷(www.crezone.net)'에 접속합니다.
- ✔ '창의인성교육넷'은 진로체험에 관한 정보들을 얻을 수 있는 사이트입니다.
- ✔ 아이와 함께 체험활동 프로그램, 교육기관, 체험 장소에 대한 정보를 검색합니다.
- ✔ 아이가 어떤 진로체험에 흥미를 가지고 있고, 또 해보고 싶어 하는지 얘기를 나눠보세요.
- ✔ 아이가 직접 관심 있는 정보들을 검색해서 주말, 방학 등을 활용한 진로체험 계획을 세워보게 하세요.

**부모TIP**

**부모의 체험이 아닌 아이의 체험입니다.**

☞ 아이가 다양한 진로체험 방법들에 대한 시야를 넓히고, 스스로 계획을 세워 실천해 볼 수 있도록 기회를 주세요. 예) 책, 영화, 다큐멘터리, 전시회(미술관, 박물관 등), 박람회, 복지관이나 문화센터 프로그램, 여행지와 지역축제, 체험기관 등

부모나래 블로그(blog.naver.com/bumo_narae)에서 다운받아 사용하세요.

## 진로체험 계획

| | |
|---|---|
| 체험해보고 싶은 직업 | |
| 가보고 싶은 체험 장소 | |
| 이유는 무엇인가요? | |
| 언제 갈 계획입니까? | |
| 누구와 갈 계획입니까? | |
| 가서 무엇을 하고 싶은가요? | |
| 준비물은 무엇인가요? | |
| 체험을 하고 난 후에는 무엇을 가지고 돌아올까요? | |
| 체험을 통해 새롭게 배우고 싶은 것은 무엇인가요? | |

함께해 BoA요! 

# 진로체험 보고서 작성하기

● 준비물 : 진로체험보고서 활동지

## 왜 하나요?

진로체험 후 활동 내용, 배우고 느낀 점, 향후 계획 등을 꾸준히 작성하면 '진로 포트폴리오'가 됩니다. '체험만 하고 끝'이 아니라 체험내용을 기록하고 관련 자료들을 차곡차곡 모으는 방법을 익힙니다.

## 어떻게 하나요?

✔ "진로체험을 하면 좋은 점이 뭘까?" 이야기를 나누어보세요.
진로체험은 생생한 정보를 체득할 수 있어 그 직업이 내게 맞는지(직무, 근무환경 등), 그 직업을 가지려면 무엇을 준비해야 하는지(학력, 전공, 자격증 등) 등을 구체적으로 알아보는데 실질적인 도움이 됩니다.

✔ 진로체험 보고서에는 활동 장소와 내용뿐만 아니라 체험을 하는 동안 새롭게 알게 되거나 느낀 점 등을 적습니다.

✔ 체험한 직업과 관련해서 궁금한 사항이나 정확한 정보 확인이 필요한 경우에는 커리어넷을 통해 검색해봅니다.

✔ 최근의 진로체험 보고서를 원하는 형식으로 작성해보게 하세요(예. 일기, 편지, 감상문, 여행기 등)

✔ 입장권, 팜플렛 등도 보고서에 붙이거나 함께 모아둡니다.

부모Tip

### 미리 이야기 나누고 준비해보세요.

☞ 진로체험을 출발하기 전 혹은 가는 동안 미리 체험 장소와 직업에 대해서 이야기를 나눠보세요. 아이가 궁금해 하거나 기대하고 있는 점들이 무엇인지 알아보고, 그와 관련해서 2~3가지 미션을 준다면 아이가 더 흥미롭게, 그리고 적극적으로 체험에 참여할 수 있습니다. 예) 경찰박물관-거짓말 탐지기 체험해보기, 경찰의 계급 알아보기, 경찰모자 쓰고 사진찍기, 경찰이 되기 위한 학교 알아보기 등

☞ 학교의 창의적 체험활동(자율·동아리·봉사·진로 활동)과 연계하여 현재 관심을 갖고 있는 직업과 관련된 다양한 체험 기회를 가능한 한 많이 갖도록 유도해주세요.

### 체험학습/활동 보고서는 이렇게 써보세요

☞ 체험활동 당일의 기록뿐만 아니라 사전 준비내용이나 사후 평가까지 골고루 들어가게 해주세요.

☞ 사전에 조사한 자료의 출처를 기록해 놓으세요.

☞ 실제 체험활동의 기록에는 관련 사진이나 보충자료를 첨부하면 좋아요.

☞ 딱딱한 보고서 형태도 있지만 신문기사나 일기장, 사진앨범 형식으로 자유롭게 써도 되요.

☞ 체험활동이 끝난 후 적는 소감에는 느낌과 아쉬운 점, 체험을 통해 새로 배운 점이나 의문점 등을 적게 해주세요. 의문점의 답을 찾는 해결 과정 역시 진로탐색의 한 부분이 됩니다.

부모나래 블로그(blog.naver.com/bumo_narae)에서 다운받아 사용하세요.

## 진로체험 보고서

| 장소 | |
|---|---|
| 기간 | |
| 동기 | |
| 준비물 | |
| 체험 활동 및 내용 | |
| 배운 점 혹은 느낀 점 | |
| 추가 검색한 내용 | |
| 더 알고 싶은 점이나<br>앞으로의 계획 | |

## 2학년 나연이의 자연 체험활동

| 장소 | 연천 나룻배 마을 |
|---|---|
| 기간 | OO년 7월 23일~24일 (1박 2일) |
| 동기 | 가족과 함께 1박 2일 농촌체험을 해 보고 싶다. |
| 목적 | 시골에서 메기 잡기, 감자 캐는 법 배우기, 연 만들기, 개울가에서 물고기 잡기를 배우고 싶다. |
| 준비물 | 수영복, 샌들, 물고기 잡는 망, 세면도구, 일기장, 사진기 |
| 체험 학습 내용 <1일> |  <br>연천 나룻배마을에 가족과 함께 놀러갔다. 서울에서만 살아본 나는 시골에 처음 가서 텐트도 치고 감자와 옥수수도 캐서 먹어보았다. 집에서 먹을 땐 별로였는데, 땀 흘려 내가 한 것이라 그런지 참 맛있었다. 오후엔 메기잡이를 하러 갔는데 처음엔 물컹거리는 것이 무섭고 징그러웠지만 아빠와 함께 잡으니까 너무 재미있었다. |
| 체험 학습 내용 <2일> |  <br>시원한 계곡에 가서 물놀이도 하고, 물고기도 잡았다. 물속에는 신기한 것들이 많이 살고 있었다. 수박도 물에 넣어두어 시원하게 먹고 돌아와서 아빠들이 바비큐를 해주셨다. 너무너무 맛이 있었다. |
| 느낀 점 | 감자도 직접 내 손으로 캐보고, 메기도 잡고 가족과 함께 텐트에서 1박 2일을 보낸 것이 정말 재미있었다. 다음에 또 오고 싶다. |

## 나연 Mom의 체험활동 후기

| | |
|---|---|
| 장소 | 연천 나룻배 마을 |
| 기간 | OO년 7월 23일~24일 (1박 2일) |
| 동기 | 여름방학을 맞아 가족과 함께 농촌체험을 하기 위해. |
| 목적 | 아이들에게 자연생태에 대해서 알려주고 청정지역의 유기농 식품으로 만든 음식을 만들어 아이들의 편식도 줄이면 좋겠다. 아빠와 함께 텐트도 치고 메기도 잡으며 담력도 키우고 더운 여름 가족과 함께 물놀이를 하면 1석 2조가 될 것 같다. |
| 준비 사항 | 방학 전부터 인터넷 사이트(체험활동 카페)와 농어촌공사 홈페이지에 들어가서 농촌 체험활동에 대해 검색해 봄. 인기있는 체험활동지의 경우 금세 마감이 되기 때문에 미리 예약해야 한다. 몇 가족이 함께 예약을 할 경우 할인해 주는 경우가 있으니 참고할 것.<br>이렇게 체험활동을 할 경우 다양한 프로그램을 저렴하게 이용할 수 있는 장점이 있다. 그러나 체험활동이 겹치거나 너무 금방 끝나서 아이들이 실망을 하는 경우도 있으니 꼼꼼히 따져 볼 것. |
| 꼼꼼 체크 | 1. 숙박시설 : 농촌일 경우 너무 오래되어서 지저분하거나 벌레가 많아서 아이들과 함께 있기엔 힘든 곳이 많다. 따라서 잠자리가 깨끗한지 가족실이 제공되는지 아니면 이불을 가져가야 하는지 알아볼 것.<br>2. 세면시설 : 가끔 세면시설이 이용객에 비해서 너무 작은 곳이 있어서 불편하기도 하다. 또한 물놀이를 할 경우 자주 씻어야 하므로 온수가 나오는지 알아볼 것.<br>3. 프로그램 : 체험활동을 많이 다니다 보면 기본적으로 프로그램이 많이 겹치기 마련이다. 이럴 땐 아이들도 지루해 하고 흥미를 잃어버릴 수 있으므로 어떤 프로그램을 체험할 것인지 꼼꼼히 따져 볼 것.<br>4. 음식 : 음식이 너무 맵거나 짠 경우가 있을 수 있으므로 아이들이 먹기에 적합한지 알아볼 것. 유기농 식품이나 우리 농산물을 이용하는지도 체크해 볼 것.<br>5. 교통편 : 자동차를 가져가야 하는지, 대중교통을 이용할 수 있는지 알아볼 것.<br>6. 자유 시간 : 가족과 함께 갔다면 가족들과의 자유시간도 있는지 알아볼 것. 아이들과 대화를 할 수 있는 시간이 주어진다면 금상첨화. |
| 느낀 점 | 가족과 함께 가는 여행이라 신경이 많이 쓰였는데, 자는 것에서 먹는 것까지 다 만족스러웠다. 다만 프로그램 중 메기 잡기는 재미있었지만 잡은 메기를 구워준다고 하고는 주지 않아서 아이들이 좀 실망했다. 다양한 프로그램을 하루에 체험하느라 체력적으로 힘든 점도 있었다. 더운 날씨를 감안해서 여유가 있으면 좋겠다. |

## 4학년 원교의 박물관 체험활동

| 장소 | 종로 경찰 박물관 |
|---|---|
| 기간 | 00년 0월 00일 |
| 동기 | 나의 장래희망인 경찰관에 대해서 더 잘 알고 싶다. |
| 목적 | 경찰복 입어보기, 순찰차 타보기, 경찰이 다양한 업무에 대해서 배우기, 경찰 장비의 업무를 직접 체험해보기, 경찰의 역사 공부하기 |
| 준비물 | 카메라, 필기도구, 노트 |
| 체험학습 내용 |   경찰박물관에 가서 여경선생님께서 경찰은 마음가짐이 중요하고 하는 일과 계급에 대해 가르쳐 주셨다. 듣고 나서 다른 층으로 이동하여 여러 관람시설과 체험시설 등을 체험했다. 경찰차와 오토바이를 타보았는데 조수석이 편했다. 시뮬레이션 사격을 할 때 점수가 잘 안 나와서 기억이 남는다. 경찰복입기체험을 했는데 목 없는 마네킹으로 하는 것과 직접 입어보는 것이 있었다. 나는 직접 입는 것이 번거로울 것 같아서 마네킹으로 체험을 했다. 수갑도 채워보고, 몽타주 그리기, 지문 인식, 거짓말 탐지기 체험을 했다. |
| 느낀 점 | 경찰이 되려면 필요한 것과 경찰의 다양한 업무에 대해서 경찰이 직접 설명해 주시는 것을 들어서 좋았다. 그리고 여러 가지 다양한 재미있고 신기한 경험을 할 수 있어서 좋았다. 기회가 된다면 또 오고 싶다. |

## 원교 Mom의 체험활동 후기

| 장소 | 종로 경찰 박물관 |
|---|---|
| 기간 | 00년 0월 00일 |
| 동기 | 겨울방학을 맞아 가족과 함께 직업체험을 하기 위해. |
| 목적 | 여경이 되는 것이 꿈인 아이에게 경찰이이라는 직업이 어떠한 일을 하는 것인지에 대해서 알려주고, 직접 체험을 할 수 있는 기회를 주면 좋겠다. |
| 준비사항 | 운영시간과 휴관일(매주 월요일)에 관해서 미리 인터넷 홈페이지를 통해서 알아본 후 계획을 짜도록 한다.<br>영상관과 시뮬레이션 사격장은 이용시간이 제한되어 있어 겹치거나 체험을 하지 못하는 경우도 있으니 시간을 꼼꼼히 따져볼 것.<br>15인 이상의 단체 관참의 경우 인터넷으로 사전 예약이 필요하다.<br>경찰박물관 관람 외에도, 경찰에 대한 꿈이 있는 학생들을 대상으로 <경찰직업체험교실>이라는 프로그램(선착순 접수)을 운영하고 있으니 참고할 것. |
| 꼼꼼체크 | 1. 프로그램 : 프로그램 이용 시 참고 할 점은 개별관람 시 영상물 상영 및 영상 사격체험은 시간이 정해져 있다는 것이다.<br>시간표에 맞춰서 관람계획을 짜면 시간도 절약되고 편리하니 참고.<br>또한 시뮬레이션 사격의 경우, 11세 이상으로 연령 제한이 있다.<br>2. 교통편 : 경찰 박물관 내에 주차 공간이 마련되어 있지 않으니, 대중교통 이용 방법을 알아볼 것.<br>3. 음식: 박물관 내 음식물 반입을 금하고 있고, 매점과 같은 식사 공간이 마련되어 있지 않으므로, 근처 식당을 이용하거나, 도시락의 경우 인근 공원을 이용하야 함을 미리 체크할 것.<br>4. 경찰박물관은 원칙적으로 전시물에 대해서 사진촬영을 허용하고 있으나, 그러나 2층 체험의 장 일부 시설물에 대하여는 [사진촬영금지] 표지판을 부착하여 부분적으로 제한을 하고 있으니, 미리 알아둘 것.<br>5. 관람시간 : 경찰박물관은 6층은 영상관, 4~5층은 전시관, 1~2층이 체험관 형태로 구성되어 있어, 6층부터 1층 환송의 장까지 체험도 하고 꼼꼼히 관람할 경우 90분 정도가 소요된다. 관람이 일찍 끝날 경우, 서울역사박물관, 신문박물관, 농업박물관이 근처에 있으니, 관련 정보도 참고할 것. |
| 느낀 점 | 무료관람에, 체험코스가 전에 비해 다양해졌다. 조금 아쉬운 것은 체험코스에 적절한 설명이 더해지면 더욱 알차겠다는 생각이 든다. 규모는 많이 크진 않지만, 많은 이동이 필요없이 다양한 체험을 할 수 있어서 편리하다. 아이들이 경찰의 역사를 한 눈에 알아 볼 수 있어 좋았고, 경찰들이 어떤 일을 하는지도 재미있게 학습할 수 있어서 만족스러웠다. |

### * 진로포트폴리오란?

내 진로와 관련된 자료들을 모아놓은 자료집입니다.(나의 진로탐색여행기)

### * 진로포트폴리오는 왜 중요할까요?

❶ 다양한 진로활동 결과들이 쌓이면서 나를 더 잘 이해할 수 있어요.

❷ 계획적으로 자기관리를 할 수 있고, 목표 달성 정도를 확인하면서 자신감도 얻을 수 있어요.

❸ 내 능력이나 경력을 잘 보여주고 증명할 수 있어요.(자기주도학습 전형 및 입학사정관제 대비)

### *진로포트폴리오에는 어떤 내용을 담나요?

❶ 자신 이해하기 : 나는 어떤 사람인가?

❷ 직업세계 탐색하기 : 나의 희망직업은 무엇인가?

❸ 진로계획 실천하기 : 희망직업을 갖기 위해 나는 어떤 노력을 했는가?

쉼표

## 믿어주는 부모

조기교육이다 선행학습이다 해서
남들은 다 저만치 앞서 달려가는데 내 아이만 더딘 것 같습니다.
조급한 부모 마음은 불안한 나머지 앞장서서 아이를 잡아 끌어봅니다.
내 마음만큼 잘 따라오지 못하면 실망감에 아이가 미워지기도 하고,
'뭐가 잘못된 건가?' 화가 나면서 스스로를 자책하기도 합니다.
'개인차'가 있다는 것도 알고, '늦되는 아이'도 있다고 위로해보지만
실망감은 쉽게 사그라지지 않습니다.

부모의 실망감은 아이에게 고스란히 전달됩니다.
아이의 자존감에 상처를 주지 않으려면
부모가 자신의 마음을 다스리는 수밖에 없지요.

욕심, 희망사항, 내가 정한 기준들은 내려놓고 아이에 대한 믿음을 회복해야 합니다.
부모의 욕심은 아이를 짓누르는 무거운 짐이 되지만,
믿음은 아이가 살아가는데 든든한 버팀목이 됩니다.
욕심과 믿음을 구분하는 게 어려운 과제겠지요.

"믿음은 종달새의 알에서 종달새의 지저귀는 소리를 듣는 것이다."
사상가이자 시인인 에머슨이 한 말입니다.
알에서 새의 지저귐을 듣기란 결코 쉬운 일이 아니지만,
그래도 끊임없이 귀 기울여 주는 게 부모가 할 일인가 봅니다.

- ✓ '목표'는 '꿈'의 다른 말입니다
- ✓ 소년이여, 목표를 가져라
- ✓ 진로장애물은 누구나 만나게 됩니다
- ✓ 꿈을 향한 여정의 동반자가 되어 주세요
- ✓ 부모님들도 사회변화에 눈과 귀를 여세요
- ✓ 부모님도 롤모델을 만드세요

6
Chapter

# 이제는 목표를 정해볼 때입니다

# 이제는 목표를 정해볼 때입니다.

## '목표'는 '꿈'의 다른 말입니다.

에디슨의 우직한 꿈이 없었다면 우리는 아직도 호롱불 아래에서 책을 읽고 있을지도 모릅니다. 컴퓨터로 세상을 바꿔놓겠다던 스티브 잡스의 꿈이 아니었다면 스마트한 세상은 아직도 우리 곁에 오지 않았을 지도 모릅니다. 이처럼 꿈은 인류를 변화시킬 수 있는 힘을 가지고 있습니다. 하지만 '꿈'이라고 하면 왠지 동화 속 세상처럼 아름답게만 느껴지는 반면에 '목표'는 반드시 달성해야만 하는 부담스런 존재로 여겨집니다.

초등학생들이 자신의 진로를 구체화시키는 과정에서 목표는 꿈의 다른 말입니다. 목표를 이루는 과정에서 현실의 높은 장벽들을 만나 불가피하게 목표를 수정해야 할 수도 있고 전혀 다른 목표를 다시 세워야 할 수도 있습니다. 진로탐색 과정에서 목표가 바뀔 수도 있습니다. 초등학생의 경우 긴 진로탐색의 여정에서 꿈이 바뀔 가능성도 많고 어른이 된 후에도 진로 계획은 얼마든지 수정될 수 있습니다. 하지만 애초부터 목표가 없었다면 어디서부터 어떻게 길을 찾아가야 할지 헤맬 수밖에 없다는 것을 잊지 마세요.

함께 해 BoA요!

## 동영상 보고 이야기 나누기 ①

- 제목 : 꿈을 이룬 사람들
- 출처 : 삼성사회정신건강연구소
- 내용 : 스티븐 스필버그의 예를 통해 꿈을 이루기 위해서는 구체적인 목표와 계획을 세워 노력하는 것이 중요하다는 영상

*** 부모나래 블로그(blog.naver.com/bumo_narae)를 통해 시청하실 수 있습니다.

### 왜 하나요?

장래 희망을 정하는 것만으로는 충분치 않으며, 꿈을 이루기 위해서는 구체적인 목표와 계획을 세워 노력하는 과정이 중요하다는 점을 깨닫게 합니다.

### 어떻게 하나요?

✔ 시청하기 전에 동영상을 보고난 후 "깜짝 퀴즈"가 있음을 미리 알려주세요. 더 집중해서 영상을 보게 하는 효과가 있습니다.

<예시>
스티븐 스필버그는 몇 살에 영화를 처음 만들었지? (5살)
여자아이의 티셔츠에 적힌 영어는? (Dreams come true)

✔ 동영상을 보고 난 감상을 자유롭게 이야기합니다. 스티븐 스필버그에 대해서 알고 있는지, 그가 감독한 영화들을 본적이 있는지 이야기를 나눠보세요.

✔ 영상 속에 등장하는 그림이나 내용에 대해 2~3문제의 퀴즈를 냅니다. 난이도는 아이에게 맞게 조절하되 영상을 주의 깊게 봤다면 맞출 수 있는 문제들을 내주세요.

✔ 꿈과 비전의 차이에 대해 물어보고, 꿈을 이루기 위해서는 구체적인 목표와 계획, 노력하는 과정이 필요하다는 점을 알려줍니다.

부모 TIP

**퀴즈를 통해 아이들의 흥미를 유지해주세요.**

☞ 아이들은 퀴즈 푸는 활동을 아주 좋아합니다. 정답을 맞히면 신이 나서 활동에 더욱 몰입하게 됩니다. 넌센스 퀴즈나 쉬운 문제 맞히기를 통해 다음에 나올 중요한 질문에 집중력과 흥미를 유지할 수 있도록 자연스럽게 유도해주세요.

함께 해 BoA요!

## <지금 나의 준비 정도> 체크하기

● 준비물 : 지금 나의 준비정도 활동지

### 왜 하나요?

지금까지 탐색한 내용들을 종합해서 현재 시점에서 가장 관심이 가는 직업을 한 개 선택합니다. 그리고 그 직업에 적합한 특성과 아이의 성향을 비교해봅니다.

### 어떻게 하나요?

✔ JAM통을 열어 그 안에 담겨있는 것들 또는 그 동안의 진로탐색 활동들을 돌아보면서 미래에 갖고 싶은 직업 한 가지를 정합니다.

✔ 관심직업에 대한 체크리스트 '지금 나의 준비 정도는?'을 작성하면서 관심직업이 아이에게 어느 정도 적합하고 준비가 되어 있는지에 대하여 이야기를 나눕니다.

✔ 아이가 그 직업에 관심을 갖는 이유를 구체적으로 물어보세요.

**부모 TIP**

☞ 발레리나가 되고 싶다고 할 때 그 이유가 춤추는 게 좋아서인 경우도 있지만, 예쁜 발레복을 입는 것이 좋아서일 수도 있고, 혹은 무대 위에서 사람들의 주목과 박수를 받는 것이 좋기 때문일 수도 있습니다. 이유를 알고 나면 그 직업이 정말 아이에게 적합한 직업인지를 따져보고, 비슷한 다른 직업들로 관심 영역을 넓혀가면서 희망직업을 탐색합니다.

## ■ 지금 나의 준비 정도는?

♣ 나는 지금 내가 관심을 갖고 있는 직업에 어느 정도 적합하고 얼마나 준비가 되어 있을까요? 아래의 체크리스트로 점검해 보세요.

나의 관심 직업 :

| 나의 관심직업 | 점검 목록 | 나 |
|---|---|---|
| | 흥미<br>☆☆☆ | |
| | 성격<br>☆☆☆ | |
| | 가치관<br>☆☆☆ | |
| | 교과 · 성적<br>☆☆☆ | |
| 〈내가 더 노력해야 할 점〉 | | |

※작성 방법: 지금까지 진로 탐색한 내용을 종합해서 왼쪽 칸에는 나의 관심직업에 적합한 흥미, 성격, 가치관, 관련 교과 혹은 성적을 써 넣습니다. 오른쪽 칸에는 '나의 특성이나 현재 상태'를 잘 생각해가며 적어보세요. 두 가지를 서로 비교해서 일치하는 정도를 별표의 색칠로 표시해보세요. (예. 매우 일치 ★★★, 조금 일치 ★☆☆)

## 소년이여, 목표를 가져라

일반적으로 진로를 탐색하는 과정은 '나'를 아는 것에서부터 시작합니다. 내가 무엇을 좋아하고, 어떤 부분에 소질이 있다는 것을 알았다면 직업에 대한 다양한 정보를 탐색하는 과정을 거칩니다. 그런 다음 구체적 목표를 설정하고, 그 목표를 이루기 위한 계획을 세우게 됩니다.

물론 진로탐색의 과정이 교과서 진도처럼 정해진 순서가 있는 것은 아닙니다. 또 자기 이해를 완벽히 해야만 그 다음 단계로 넘어갈 수 있는 것도 아닙니다. 하지만 미래의 행복한 삶을 준비하는 중요한 일을 아무 계획이나 일정도 없이, 무턱대고 그냥 할 순 없는 노릇입니다.

'진로'라는 것은 인생의 길을 걸어가는 것에 곧잘 비유됩니다. 길을 찾아가기 위해서는 이정표나 표지판이 꼭 필요합니다. 즉, 진로라는 길 위에서 자신에게 맞는 방향을 찾기 위해서는 이정표의 역할을 하는 직업 목표를 갖는 것이 매우 중요합니다. 또한, 목표를 설정한다는 것은 막연했던 본인의 꿈에 이름표를 달아주는 것으로 매우 의미있고 중요한 일입니다.

목표를 세우고, 목표를 이루기 위한 계획을 세우고 실천하는 일이 쉬운 일은 아닙니다. 부모님과 같은 성인들도 아마 같은 과정을 겪으면서 수많은 시행착오를 겪기도 했을 것이고, 또 목표를 세우지 못해 자신이 가고자 하는 진로의 길을 걷지 못한 사람들도 있을 것입니다. 그렇게 어려운 일이기 때문에 초등학생인 우리아이들에게 학교의 시간표처럼 꼭 지켜야 하는 목표와 계획을 세워서 부담을 주기보다는, 직업의 의미를 알고, 그 직업에서 성공하기 위해서는 어떠한 노력을 기울여야 하는지에 대한 전체적인 방향성을 가질 수 있도록 하는 목표설정을 할 수 있도록 도와주는 부모님들의 역할이 매우 중요합니다.

함께 해 BoA요!

# 미래 보물지도 만들기

● 준비물: 8절지 혹은 4절지(아이가 원하는 크기 선택), 가위, 풀, 신문이나 잡지, 색연필 혹은 싸인펜, 사진

## 왜 하나요?

마음속에 가지고 있는 장래 희망과 목표들을 구체적이고 명료한 이미지로 시각화합니다.

## 어떻게 하나요?

✔ 보물지도에 제목 써 넣기
(ex: 베스트셀러 작가 OO의 보물지도, 로봇과학자 OO의 보물지도)

✔ 내 사진 붙이기 : 활짝 웃는 행복한 사진을 붙여보세요!

✔ 꿈이 담긴 사진이나 그림 붙이기
신문이나 잡지, 카탈로그, 팜플렛 등을 모아서 "야, 이거다~" "우와, 멋진데!"하는 사진들을 오려 붙입니다.

✔ 내 꿈과 관련된 체험활동 사진 붙이기
지금까지 가본 곳이나 앞으로 가고 싶은 곳의 사진을 찾아 붙입니다.

✔ 롤모델의 사진 붙이기
내가 닮고 싶은 롤모델의 모습과 활동들을 신문이나 잡지 등에서 찾아서 오려 붙여요.

✔ 내 꿈의 달성 기한과 조건 써넣기
(예: 2034년 7월 2일 나의 첫 SF영화를 개봉하다)

✔ 내 꿈이 수중한 이들에게 줄 수 있는 기쁨을 상상해서 적기
(예: 내 영화 VIP시사회에 부모님 초대하기, 개봉 일주일 만에 관객 천만 돌파)

✔ 중간 목표와 구체적인 행동 계획 써넣기
(예: 영화학과에 입학, 나는 독서왕, 일주일에 책 1권 읽기)

✔ 보물지도 장식하기
그림도 그리고 예쁘게 장식해서 눈에 잘 띄는 곳에 붙이세요.

### 부모 Tip

**목표를 시각화 시켜주세요.**

☞ 목표를 시각적으로 이미지화하거나 구체적인 실천 계획들을 글로 쓰는 것은 매우 중요합니다. 잘 보이는 곳에 붙여 놓고 꿈을 이룬 자신의 미래 모습을 자주 떠올릴 수 있도록 해주세요. 계획을 실천하고 꿈을 실현할 가능성이 커집니다.

**2장의 꿈 표현하기 활동과 비교해보세요.**

☞ 앞에서도 언급했지만 2장 <꿈 표현하기>활동 때 했던 활동과 비교해보세요. 자신이 가지고 있던 꿈이 진로탐색 활동을 통하여 구체화된 결과물을 보게 되면 진로 준비에 대한 자발적 관심과 자신감이 생기게 됩니다.

## 진로장애물은 누구나 만나게 됩니다.

진로 목표가 반드시 거창해야 한다는 선입견은 버리세요. 소박하지만 자기 이해와 정보 수집을 통해 설정된 구체적이고 실현가능성 높은 목표가 아이를 더 당당하고 자신감있게 만듭니다. 또한 꿈을 향해 나아가는 과정이 행복하고 순탄한 여정만 있는 것은 아닙니다. 실현가능한 계획을 세웠다고 하더라도 예기치 못한 돌발 상황이 발생할 수 있습니다.

경제적 상황이 어려워져 부모님의 지원이 힘들거나, 희망하는 대학의 학과에 진학하기 어려운 성적이거나, 건강상의 이유로 관심분야의 공부를 하거나 종사하기 힘들어지는 등 다양한 장애물이 발생할 수 있습니다.

장애물을 만났다고 꿈을 실현하는 것까지 포기하지 않도록 도와주세요. 시간을 투자해 조금 더 돌아가는 길을 택할 수도 있고, 혹은 상황을 고려하여 융통성 있는 대안으로 다시 계획을 세울 수도 있습니다. 예를 들어, 동물에 관심 있는 학생이 수의사의 꿈을 이루지 못하게 된다면 동물에 대한 흥미를 살려 진출할 수 있는 다른 직업들을 찾는 것도 방법입니다.

꿈을 이루는데 한 가지 길만 있는 것은 아니라는 것을 자녀들이 알도록 하고 혼자가 아니라 부모님이 곁에서 함께 장애물을 넘고 있다는 것을 자녀들이 확신하도록 무한한 격려와 지지를 보내주세요.

함께해 BoA요!

# 유사직업 탐색하기

## 왜 하나요?

앞서 직업을 선택해서 목표를 세우고 구체적인 계획과 미래를 상상하는 활동은 자녀가 앞으로 스스로 직업탐색을 할 수 있는 능력을 키우는 활동이었습니다. 하지만 어린 나이에 희망직업을 성급하게 선택할 경우, 자신의 특성이나 현실적인 여건들에 비추어 적합하지 않거나 실현 가능성이 낮을 경우 실망하기 쉬운데 이 때 부모가 대안이 될 만한 다른 직업을 탐색할 수 있도록 시야를 넓혀주는게 중요합니다.

## 어떻게 하나요?

✔ 유사직업에 대해 알기 쉽게 설명해줍니다.
"직업들 중에는 서로 친한 직업들이 있어. 하는 일이 비슷한 직업들, 비슷한 환경이나 같은 장소에서 일을 하는 직업들을 유사직업이라고 부른대."

✔ 아이가 관심을 갖고 있는 직업의 유사직업을 같이 찾아봅니다.

✔ 먼저 아이가 그 직업을 좋아하는 이유가 무엇인지 이야기를 들어보세요.
아이가 그 직업을 좋아하는 이유가 '하는 일' 때문인지, 일을 하는 '장소(환경)'를 좋아하는 건지, 아니면 또 다른 이유인지 등을 고려해서 유사직업을 찾는 것이 좋습니다. 이러한 대화와 활동은 아이의 진로 시야를 넓히고 자신에게 꼭 맞는 직업을 찾는데 도움이 됩니다.

<예시>

☞ 일하는 장소를 중심으로 유사직업 찾기

Q : 방송국에서 일하는 직업들에는 어떤 것이 있을까?

A : 연기자, 개그맨, 가수, 방송제작자, 방송연출가, 아나운서, 촬영기사, 스크립터...

Q : 이번에는 공항에서 일하는 직업들을 찾아보자

A : 항공 교통 관제사, 전기 기술자, 비행기 조종사, 세관원, 비행기 승무원, 항공기 유도사, 항공기 정비사, 예약 담당자, 구호 물품 물류관리사...

부모 TIP

### 희망직업을 선택할 때 다양한 조건들을 고려하게 해주세요.

☞ 장래 희망직업을 정할 때는 여러 가지 다양한 조건들을 고려해서 신중하게 선택해야 한다는 점을 아이에게 알려주세요. 희망 직업이 자신의 특성이나 현실적인 여건들에 비추어 적합하지 않거나 실현 가능성이 낮을 경우, 실망하기보다는 대안이 될 만한 다른 직업들을 탐색할 수 있도록 시야를 넓혀주는 게 중요합니다.

### 그림책을 활용하세요.

☞ 유사직업을 그냥 막연히 찾게 하면 아이에게 어려울 수 있습니다. 직업들이 다양하게 등장하는 그림책을 보면서 유사직업을 찾아보세요. 예를 들면 『직업 옆에 직업』은 230여 개의 직업들을 장소별로 구분해서 그림으로 표현하고 있습니다.

### 직업카드를 활용하세요.

☞ 직업체험을 다녀온 후, 혹은 어떤 장소를 방문하게 되었을 때 그 장소에서 보거나 알게 된 직업들을 서로 간의 유사점과 차이점을 비교하면서 분류해보게 하세요. 이때 직업카드를 활용하면 좋습니다. 경험한 직업들의 직업카드를 찾고 카드에 적힌 간략한 직업정보를 읽어가면서 비슷한 직업들끼리 분류해봅니다.

### 청소년 인기직업의 유사직업

* 교사: 유치원 교사, 보육교사, 학원강사, 대학교수 등
* 공무원: 행정사무원, 노무사, 법무사, 변리사, 세무사 등
* 의사: 한의사, 약사, 간호사, 임상병리사, 물리치료사 등
* 요리사: 제과제빵사, 쇼콜라띠에, 파티쉐, 소믈리에, 푸드스타일리스트 등
* 기업경영인: 경영컨설턴트, 기업분석가, 경영지도사 등
* IT전문가: 응용SW엔지니어, 게임프로그래머, 컴퓨터 보안전문가

### 진로장애물과 대안직업

현실적인 어려움에도 불구하고 끊임없는 노력으로 마침내 자신의 꿈을 이룬 사람들을 찾아보세요. 진로 장애물을 만났을 때 꿈을 포기하지 않고 노력해서 어려움을 극복할 수도 있지만, 경우에 따라서는 유사직업이나 혹은 다른 직업(대안직업)으로 마음을 바꿀 수도 있습니다.

## 꿈을 향한 여정의 동반자가 되어 주세요.

이제 부모님도 함께 그 꿈을 향해 노력하는 모습을 보여 주세요. 든든한 멘토이자, 동반자가 되어 자녀들이 차근 차근 미래를 준비하는데 힘을 보태주세요.

초등학생의 경우 중학교 진학, 고등학교 진학, 대학진학 혹은 사회진출 등 아직 거쳐야 할 수많은 진로 관문에서 때로는 목표가 바뀔 수도, 없어질 수도 있습니다. 마라톤처럼 긴 진로탐색 여정에서는 지치지 않도록 격려하고 용기를 주는 것이 무엇보다 중요하며 부모님 역시 조급해하지 말고, 느긋하고 여유로운 자세가 필요합니다.

자녀와 함께 고민하고, 함께 자료를 찾고, 다양한 경험을 공유하다보면 어느새 아이는 성장하고 있을 것입니다. 든든한 동반자 역할을 하는 과정에서 자녀의 흥미와 적성이 그 무엇보다 우선시되어야 한다는 것도 잊지 마세요. 어떤 일을 하든 행복하게 일하는 것, 그것이 우리 아이를 위하는 진짜 진로선택입니다.

든든한 동반자, 멘토가 되어 준다는 것이 매번 의사결정 상황에서 부모가 절대적인 영향력을 행사하라는 것을 의미하는 것은 아닙니다. 아이들의 진로발달과정에서는 수많은 의사결정의 상황이 발생하므로 부모들이 아이의 의사결정을 대신해주기보다는 아이들의 의사결정스타일을 파악하여 상황에 맞는 의사결정을 내릴 수 있도록 부모와 의견을 조율하고 협력하는 방법을 알게 해주는 것이 앞으로의 진로 및 직업선택을 하는데 도움이 될 것입니다.

진로 관련한 목표를 설정하거나 계획을 세울 때 부모님의 일방적인 계획이 아니라 자녀 스스로 어떤 진로계획을 세울 것인지 먼저 고민하게 하세요. 그러나 자녀와 진로를 함께 고민하다보면 부모님과의 의견차이가 발생하기도 하여 힘들어하는 경우를 볼 수 있습니다. 학과선택에서, 대학지원과정에서, 취업에서, 자녀들은 부모님이 희망하는 것과 다른 선택을 할 수 있고, 실제 많은 청소년들이 그렇습니다.

본인의 적성과 흥미를 꼼꼼히 탐색한 학생이라면 충분히 믿고 맡기셔도 좋습니다. 본인의 선택과정에서 최선을 다했으며 여러 고려사항들을 따져 진로를 결정한 것이므로 자녀의 선택에 힘을 보태고 지원해주세요.

함께해 BoA요!

## 동영상 보고 이야기 나누기 ②

- 제목 : <데릭 레드몬드 이야기>
- 출처 : 올림픽위원회
- 내용 : 부상에도 불구하고 1992년 바르셀로나 올림픽 400미터 달리기를 완주한 영국 선수 데릭 레드몬드와 그의 아버지에 대한 영상

*** 부모나래 블로그(blog.naver.com/ bumo_narae)를 통해 시청할 수 있습니다.

### 왜 하나요?

동영상을 함께 보면서 부모는 자녀의 진로탐색에 있어 자신의 역할에 대해 다시 한번 생각해보는 기회를 가질 수 있고, 자녀는 부모를 든든한 진로 동반자로 생각하게 합니다.

### 어떻게 하나요?

✔ 동영상 <'데릭 레드몬드' 이야기> 시청하기

✔ '바람직한 부모 역할은 무엇인가' 혹은 '나는 어떤 부모가 되고 싶은가'에 대한 생각을 그림이나 글로 표현해 보세요.

✔ 아이에게도 '부모에게 바라는 것은 무엇인지' 혹은 '어떤 부모였으면 좋겠는지'를 그림이나 글로 표현해보게 하세요.

✔ 서로의 그림이나 글을 보여주면서 이야기를 나눠보세요. 서로의 마음을 표현하고 이해할 수 있는 소중한 기회가 됩니다.

## 부모님들도 사회변화에 눈과 귀를 여세요.

자녀가 성장할수록 얻어야 하는 정보의 양도 점점 많아집니다. 사회는 계속 변화하고 있고 10여 년 후 자녀들이 성인이 되어 사회에 진출할 때쯤이면 지금과는 많은 변화가 있을 것입니다. 부모님도 말로만 자녀에게 진로지도를 할 것이 아니라 자녀를 위한 양질의 정보를 찾아보는 것이 좋습니다. 진로관련 뉴스나 기사를 부지런히 찾아보거나, 관련 서적을 읽고, 부모대상 진로관련 교육프로그램에 참여하는 것도 방법입니다.

꼭 많은 돈과 시간을 들이는 것만이 자녀의 진로지도를 잘 할 수 있는 것은 아닙니다. 변화하는 사회에 항상 눈과 귀를 열고, 그 변화상을 자녀의 진로와 연결해 보세요. 뉴스에서 발표되는 어떤 정책은 대학 학과를 만들 수도, 시험제도를 변화시킬 수도, 어떤 직업에 절대적 영향을 미치는 제도로 자리매김할 수도 있습니다.

또 다양한 해외사례에도 관심을 기울이세요. 해외의 다양한 학과, 직업이 우리나라에 도입될 수도 있고, 자녀가 해외에 유학을 가거나 취업을 할 수도 있으니까요.

● 난 얼마나 깨어있는 부모인가? 아래의 항목에 해당되는 곳에 √표 해 보세요

| 항목 | 그렇다 | 아니다 |
|---|---|---|
| 진로관련 뉴스나 신문기사를 관심 있게 보는 편이다. | | |
| 우리아이 학교에서 진로수업이 진행되는지 여부를 알고 있다 | | |
| 학부모 대상 진로, 진학 행사나 프로그램에 참가한 적이 있다. | | |
| 최근의 대학입시 전형을 알고 있다. | | |
| 진로관련 책자를 구입하여 읽은 적이 있다. | | |

## 부모님도 롤모델을 만드세요.

자녀들이 롤모델을 통해 진로를 탐색하는 것처럼, 부모님도 진로지도를 충실히 한 롤모델을 갖는 것이 좋습니다. 본인이 자녀에게 어떤 부모의 역할을 하고 싶은지를 생각한 후 그에 맞는 롤모델을 찾아보세요.

꼭 유명인의 부모가 롤모델일 필요는 없습니다. 주변에 있는 이웃일 수도 있고, 친구일 수도 있습니다. 본인의 상황에서 나름대로 최선을 다하여 자녀의 꿈을 지원해주고 격려해주고, 부모 스스로도 많은 노력을 한 사람이면 됩니다. 그들이 자녀의 꿈을 위해 어떤 노력을 했는지, 도중에 만난 장애를 어떻게 극복했는지를 알아보세요.

롤모델을 만듦으로써 부모님 스스로도 지치지 않고 자녀의 진로지도에 참여할 수 있는 힘과 용기를 얻을 수 있고, 그들로부터 조언과 충고도 들을 수 있습니다.

### ● 성공한 사람들이 받았던 공통적인 가정교육

첫째, 도서를 즐기는 분위기 조성
둘째, 끊임없는 칭찬과 격려
셋째, 가족관계 중시
넷째, 사교성 키우기
다섯째, 자녀에 대한 확고한 믿음

출처 : 『스필버그 엄마처럼 비욘세 엄마처럼』(스테파니 허쉬, 2010)

함께 해 BoA 요!

# 롤모델 찾기

● 준비물: 롤모델 찾기 활동지, 롤모델 인터뷰 신문기사 활동지

## 왜 하나요?

'닮고 싶은 인물'이 있는 아이와 없는 아이는 다릅니다. 존경하는 인물을 마음에 품고 닮으려고 노력하는 과정에서 구체적인 목표와 계획이 생겨나고, 실천 의지가 커집니다.

## 어떻게 하나요?

- ✔ 인성이나 가치관, 관심 직업과 관련해서 본받을만한 분들에 대해 폭넓게 이야기를 나눈 뒤 그 중에서 아이의 롤모델을 정하게 합니다.
- ✔ 롤모델에 대한 책을 읽거나 정보를 검색하면서 '닮고 싶은 점'을 함께 찾아봅니다.
- ✔ 아이가 직접 자신의 실천 계획을 작성합니다.
- ✔ 롤모델에 대한 신문기사를 작성해봅니다. 아이가 취재기자가 되어 롤모델의 가상인터뷰 기사를 써보게 하는 것도 좋습니다.

부모 Tip

### 부모는 아이의 롤모델

☞ 반두라(Bandura)의 사회학습이론(Social Learning Theory)에 의하면, 아이들은 '관찰'과 '모방'을 통해 배웁니다. 아이는 자신에게 의미 있거나 영향력이 큰 사람의 행동을 선택적으로 관찰하고 따라합니다. 그러니 부모가 좋은 본보기가 되어주는 것이 어떤 훈계나 칭찬, 좋은 상보다 훨씬 더 효과적입니다. 부모 자신이 꿈을 가지고 열심히 노력하는 모습, 자신의 직업에 자부심을 가지고 행복하게 일하는 모습은 어떤 진로지도보다도 아이에게 큰 힘을 발휘합니다.

### 롤모델이란?

어린 시절 한 번쯤 누구누구 같은 축구선수나 연예인이 되고 싶다는 생각을 합니다. 그러면 이것을 롤모델이라고 할 수 있을까요? 당연히 아닙니다. 롤모델은 그냥 화려하고 좋아 보여서 막연히 되고 싶은 사람이 아닙니다.
롤모델이란 어떤 한 사람을 표본으로 정해서 자신이 성숙할 때까지 모델로 삼는 것을 말합니다. 그러니 자신의 능력과 끼, 재능을 구체적으로 살펴서 '내가 닮고 싶은 인물' 즉 롤모델을 결정해야 합니다.

### 롤모델은 왜 필요한가요?

닮고 싶은 롤모델이 있으면 성취동기와 삶의 목적이 분명해지고 왜 공부를 해야 하는지에 대한 답을 갖게 됩니다. 그래서 공부하라는 백 마디 잔소리보다 아이의 롤모델을 찾아 주는 것이 낫습니다. 그러면 우리 아이의 롤모델은 어떻게 찾으면 좋을까요?
아이의 성격과 기질, 되고 싶은 직업 등을 고려해서 롤모델을 정하는 게 좋습니다. 자신의 분야에서 성공한 인물들의 특성을 잘 살피고 아이의 특성과 비교해 가면서 우리 아이에게 적합한 롤모델을 찾아보세요. 그리고 그 인물에 대한 책이나 영상을 함께 보면서 어떤 점을 닮고 싶은지 구체적으로 이야기를 나누어보세요.

부모나래 블로그(blog.naver.com/bumo_narae)에서 다운받아 사용하세요.

## 롤모델 찾기

닮고 싶은 롤모델을 정하고 어떤 점을 닮고 싶은지, 내가 실천해야 할 것들은 무엇인지 적어보세요.

나의 롤모델은 ______________________ 입니다.

내가 닮고 싶은 점은

1. ______________________

2. ______________________

3. ______________________

나의 실천 사항은

1. ______________________

2. ______________________

3. ______________________

부모나래 블로그(blog.naver.com/bumo_narae)에서 다운받아 사용하세요.

## 부모의 다짐

부모로서 나의 롤모델은 ______________________ 입니다.

내가 닮고 싶은 점은

1. ______________________

2. ______________________

3. ______________________

나의 다짐은

______________________

______________________

부모나래 블로그(blog.naver.com/bumo_narae)에서 다운받아 사용하세요.

| 제 1호<br>창간호<br>년 월 일 | **미래 신문** | 발행처 :<br>편집장 :<br>기자 : |
|---|---|---|

@인터뷰 "나의 롤모델을 만나다"

이곳에 사진을 붙이세요

Q.

A.

Q.

A.

Q.

A.

* 롤모델의 유형과 인물

| 유형 | 특징 | 인물 |
|---|---|---|
| 이순신형 | 끈기와 집념으로 뜻을 이룬 사람들 | 강수진 / 박지성 / 강영우 / 헬렌 켈러 / 베토벤 / 이순신 / 무하마드 알리 / 조앤 K. 롤링 / 김정호 / 프리다 칼로 |
| 제갈 공명형 | 지혜와 지성으로 목표를 이룬 사람들 | 워런 버핏 / 제갈 공명 / 소크라테스 / 오토다케 히로타다 / 윤이상 |
| 피카소형 | 창의력과 상상력으로 감동을 준 사람들 | 백남준 / 피카소 / 이중섭 / 베르나르 베르베르 / 다 빈치 / 스티븐 스필버그 / 미야자키 하야오 / 샤넬 |
| 에디슨형 | 과학 연구로 세상을 바꾼 사람들 | 에디슨 / 라이트 형제 / 이휘소 / 최무선 / 아인슈타인 / 장영실 / 갈릴레이 / 스티븐 호킹 / 뉴턴 / 마리 퀴리 |
| 빌 게이츠형 | 사업가적 기질로 부자가 된 사람들 | 김만덕 / 스티브 잡스 / 빌 게이츠 / 월트 디즈니 / 앤드류 카네기 / 베네통 / 유일한 / 윌리엄 켈로그 |
| 슈바이처형 | 봉사와 헌신으로 인류를 구한 사람들 | 김수환 / 마더 테레사 / 슈바이처 / 장기려 / 나이팅게일 / 허준 / 페스탈로치 / 지석영 |
| 김연아형 | 끼와 재능으로 스타가 된 사람들 (엔터테이너형) | 오프라 윈프리 / 김연아 / 유재석 / 찰리 채플린 / 박진영 / 금난새 / 모차르트 / 조수미 |
| 링컨형 | 열정과 리더십으로 지도자가 된 사람들 | 마하트마 간디 / 넬슨 만델라 / 마틴 루터 킹 / 링컨 / 처칠 / 황희 / 김구 / 반기문/ 버락 오바마 |
| 제인 구달형 | 자연과 지구를 연구하고 지켜 낸 사람들 (자연친화형) | 파브르 / 제인 구달 / 대니 서 / 김순권(옥수수박사) / 다윈 / 석주명 |
| 엄홍길형 | 도전과 모험으로 세상을 놀라게 한 사람들(모험가형) | 한비야 / 존 고다드 / 엄홍길 / 로알 아문센 / 권기옥(한국 최초의 여성비행사) / 마르코 폴로 / 콜럼버스 / 닐 암스트롱 |

참고: 『성격과 기질로 알아보는 롤모델 인물백과』

☞ 진로체험이나 다짐 활동을 롤모델과 관련된 내용으로 연결시키면 좋아요.

## ■ 롤모델 성공요인 조사하기 : 반기문 UN 사무총장

♣ 아이가 관심있어 하는 직업의 인물을 선정해서 그 인물의 성공요인을 조사하여 적어보게 하세요.

반기문 UN사무총장은 중학교에 들어가면서부터 영어에 흥미를 느끼고 열성적으로 공부했다. 고등학교 때 영어 선생님의 권유로 영어대회에 나가 당당히 1등을 차지하면서 미국에 갈 수 있는 기회를 얻었다. 미국에서 케네디 대통령을 만나게 된 반기문 총장은 그 때부터 외교관의 꿈을 키우기 시작했다. 외교관의 꿈을 이루기 위해 서울대학교 외교학과에 진학했고, 대학 졸업과 동시에 외무고시에 합격하였다. 외무부에서 일하는 동안 하버드대학 케네디 스쿨에 유학하여 석사과정을 밟기도 했다.

외교관이 된 반기문은 뛰어난 업무 능력 덕분에 1년에 3차례나 초고속 승진을 했다. 그런데도 그를 욕하거나 질투하는 사람이 거의 없었다. 그가 시기나 질투 대신 격려와 응원을 받을 수 있었던 건 늘 자신을 낮추고 다른 사람에 대한 배려하는 태도가 몸에 배어 있었기 때문이다.

반기문 총장은 어렸을 적 갖게 된 외교관이라는 꿈을 향해 차근차근 열심히 준비를 하고 늘 다른 사람에게 친절하고 겸손하려 노력했기 때문에 유엔 사무총장이 될 수 있었던 게 아닐까. 청렴결백하고 철두철미한 업무처리 스타일, 외유내강 스타일의 뛰어난 리더십도 그의 성공 요인으로 꼽힌다.

# 에필로그

진로를 직업과 같은 말로 여기는 사람들이 있습니다.
어릴 때부터 진로를 탐색하라는 말을
일찌감치 직업을 결정하라는 의미로 생각합니다.
부모가 생각하는 몇몇 '좋은' 직업들이 아이의 목표가 되고,
그 다음엔 부모와 아이가 한 팀이 되어 그 목표를 이루는데
모든 관심과 노력을 집중합니다.

목표를 향해 달려가는 데만 온 신경을 쏟다보니
'탐색'은 불필요하거나 빨리 끝내야 할 비효율적인 시간으로
생각하는 경우가 종종 있습니다.
탐색이 충분한 시간을 두고 넓게 이루어져야
그 과정에서 한결 단단해진 내가 제대로 된 꿈을 키울 수 있습니다.

단지 밥벌이를 위한 직업에 아이 꿈을 가두기에는
우리 아이가 살아갈 앞으로의 삶이 너무 아깝지 않습니까?
더 나은 세상을 만드는 꿈을 품고
무엇을 하며 어떻게 살지를 생각할 수 있는 아이로 키우세요.
그저 의사가 되기 위해 사는 게 아니라
어떤 의사로 살고 싶은지,
의사가 되어 어떻게 살 것인가를
생각할 수 있는 아이로 키웠으면 합니다.

## 참고문헌


글공작소(2010). 성격과 기질로 알아보는 어린이 직업백과. 아름다운 사람들.

박승오, 홍승완(2009). 나의 방식으로 세상을 여는 법. 고즈윈.

삼성사회정신건강연구소(2011). 내 꿈에 날개를 달자. 교육과학사.

삼성사회정신건강연구소(2012). 내 꿈은 내가 만든다. 교육과학사.

스테파니 허쉬 저. 김창기 역(2010). 스필버그 엄마처럼 비욘세 엄마처럼. 행복포럼.

오현미(2010). 다중지능이론에 기초한 진로교육프로그램이 초등학교 4학년 아동의 진로 흥미와 진로성숙에 미치는 효과. 홍익대학교 교육대학원 석사학위논문.

이랑(2007). 선생님! 진로상담이 필요해요!. 한국고용정보원.

EBS 아이의 사생활 제작팀(2009). 아이의 사생활. 지식채널.

찰스 마틴 저. 심혜숙 역(1999). 성격유형과 진로탐색. 한국심리검사연구소.

한국고용정보원(2006). 2007 신생 및 이색직업. 한국고용정보원.

한국가이던스(2012). 홀랜드 직업적성 백과사전. 넥서스.

에듀팟 홈페이지 http://edupot.go.kr

워크넷 홈페이지 http://work.go.kr

EBS 지식채널e 홈페이지 http://home.ebs.co.kr/jisike/index

커리어넷 홈페이지 http://career.go.kr

U.S. Deparment of Labor www.careeronestop.org

Touch My Job
출발
도착

과거직업카드

손수레에 사람을 태워 원하는 목적지까지 데려다주는 사람은?(인력거꾼)

아파트와 주택의 굴뚝을 청소해주던 사람은?(굴뚝청소부)

전화가 귀하던 시절 외부에서 걸려온 전화를 다른 사람에게 바꿔주는 일을 하던 사람은? (전화교환원)

과거 물이 귀하던 시절 우물을 길어다가 판매하던 사람은? (물장수)

사신과 함께 외국에 가거나 외국 사신이 우리나라에 왔을 때 통역을 해주는 일을 하던 사람은? (역관)

우리 민족의 전통예술인 판소리를 직업으로 하는 사람은? (소리꾼)

왕이나 공을 세운 신하의 초상화, 국가의 행사를 기록한 그림, 지도 등 여러 가지 그림을 그렸던 사람은? (화원)

최하층 천민으로 소나 돼지를 잡는 도축업을 했던 사람은? (백정)

## 과거직업카드

과거시험을 통과한 양반이 고을을 맡아 다스리는 관직을 맡은 사람은? (원님)

의술과 약으로 병을 고치는 조선시대의 의사는? (의원)

쇠를 달구어 호미, 낫 등의 농기와 칼, 창 등의 무기를 만드는 장인은? (대장장이)

조선시대 등짐과 봇짐을 메고 이 마을 저 마을을 다니면서 물건을 파는 상인은? (보부상)

책이나 자료인쇄를 위해 활자를 조판하는 사람은? (인쇄식자공)

한강에 다리가 많지 않았던 시절 사람들이 배를 타고 이동할 수 있도록 데려다 주던 사람은? (뱃사공)

공부를 많이 한 선비가 어린이나 청소년들을 가르치는 일을 했던 사람은? (훈장)

버스에서 승객들에게 요금을 받거나, 타고 내리는 것을 도왔던 사람은? (버스안내양)

## 생각카드

유치원 때의 꿈은?

앞으로 10년 뒤에는 생길 것 같은 직업은?

제일 힘들 것 같은 직업은?

제일 재미있어 보이는 직업은?

정말 해보고 싶은 직업은?

최고로 멋있어 보이는 직업은?

꼭 생기길 바라는 직업은?

앞으로 없어질 것 같은 직업은?

생각카드

나랑 친한 친구가 관심 있어하는 직업은?

부모님이 원하는 직업은?

주변 사람 중에서 마음에 드는 직업은?

부모님의 직업은?

돈을 많이 벌 것 같은 직업은?

친구들에게 인기가 있는 직업은?

TV에서 나온 직업 중 마음에 드는 것은?

20년 후에 인기가 있을 것 같은 직업은?

생각카드

직접 체험해 보고 싶은 직업은?

체험해 본 적이 있는 직업은?

첫 월급을 타면 어떻게 할 것인가?

친한 친구에게 추천해 주고 싶은 직업은?

만약 부모님이 직업을 바꾼다면 어떤
직업으로 바꾸면 좋을 것인지 추천하시오.

## 액션카드

요리사처럼 요리하는 모습을 보여주세요.

선생님처럼 수업하는 모습을 보여주세요.

의사처럼 진료하는 모습을 보여주세요.

발레리나처럼 발레하는 모습을 보여주세요.

야구선수처럼 홈런치는 모습을 보여주세요.

축구선수처럼 공을 차는 모습을 보여주세요.

성악가처럼 노래하는 모습을 보여주세요.

건축가처럼 도면을 그리는 모습을 보여주세요.

## 액션카드

헤어디자이너처럼 머리 손질을 하는 모습을 보여주세요.

군인처럼 훈련 받는 모습을 보여주세요.

바리스타처럼 커피를 만드는 모습을 보여주세요.

파티세처럼 케익을 만드는 모습을 보여주세요.

판사처럼 판결을 내리는 모습을 보여주세요.

항공기조종사처럼 비행기를 조종하는 모습을 보여주세요.

치과의사처럼 진료하는 모습을 보여주세요.

성직자처럼 기도하는 모습을 보여주세요.

## 액션카드

소방관처럼 불을 끄는 모습을 보여주세요.

아나운서처럼 뉴스를 말하는 모습을 보여주세요.

스턴트맨처럼 연기하는 모습을 보여주세요.

카레이서처럼 운전하는 모습을 보여주세요.

경호원처럼 다른 사람을 보호하는 모습을 보여주세요.

간호사처럼 주사를 놓는 모습을 보여주세요.

현재직업카드

준비된 재료를 이용하여 음식 만드는 일을 한다. (요리사)

비행기를 조종하여 여객과 화물을 목적지까지 수송한다.(항공기조종사)

박물관이나 미술관에서 관람객을 위해 전시를 기획하고 작품을 수집한다. (큐레이터)

아름다운 머리스타일을 통해 외모 가꾸는 일을 도와준다. (미용사)

여행을 안내하거나 관광객의 편의를 제공하기 위한 여러 가지 일들을 처리한다. (여행안내원)

조경 시설을 유지와 관리를 하거나 정원 등을 설계하고 조성하는 일을 한다. (조경사)

투자가들로부터 모은 자산을 효율적으로 관리 운영하는 일을 한다. (펀드매니저)

야생 동물을 관리와 사육하며 동물을 훈련시키는 일을 한다. (동물조련사)

## 현재직업카드

승객을 안전하게 목적지까지 수송하기 위해 지하철을 운행하는 일을 한다. (지하철기관사)

연예인의 방송 출연, 인터뷰 등의 일정관리와 이벤트 기획 등의 일을 한다. (연예인 매니저)

소비자가 원하는 상품을 기획하고 만드는 일을 하며, 상품 기획자라고도 한다. (머천다이저)

다양한 문화 행사를 기획하고 섭외하고 진행한다. (이벤트플래너)

시체를 부검해서 사망 원인을 밝히고, 손상 여부와 매커니즘을 밝힌다. (법의학자)

대형 수족관에서 물고기들과 함께 쇼를 보여주는 일을 한다. (아쿠아리스트)

사건현장에 출동해 범죄자의 범죄과정을 과학적으로 재구성하고 이를 통해 범행동기와 용의자의 특징 등을 분석한다. (프로파일러)

설탕가루에 재료를 섞어 반죽을 만들고 색을 넣어 다양한 모양을 만드는 일을 한다. (슈가크레프트)

## 직업카드

기업경영인

항공기 조종사

회계사

모델

가수

사진작가

헤어디자이너

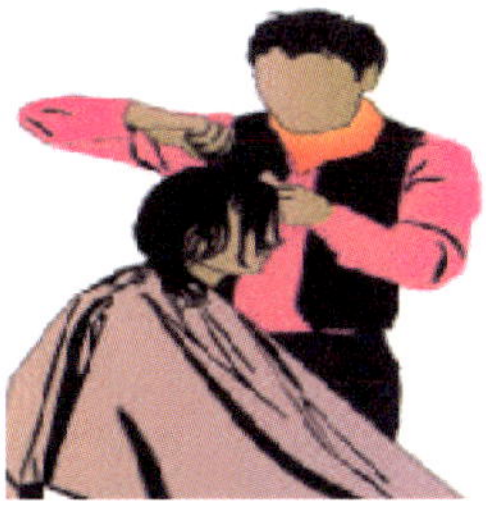

호텔리어

## 직업카드

방송프로듀서

패션디자이너

변호사

통역사

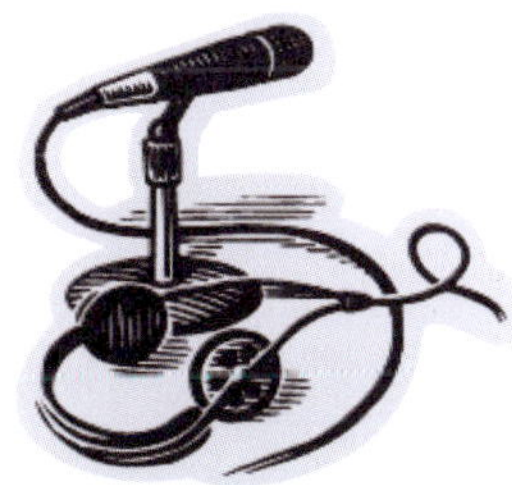

파티쉐

애견전문가

메이크업 아티스트

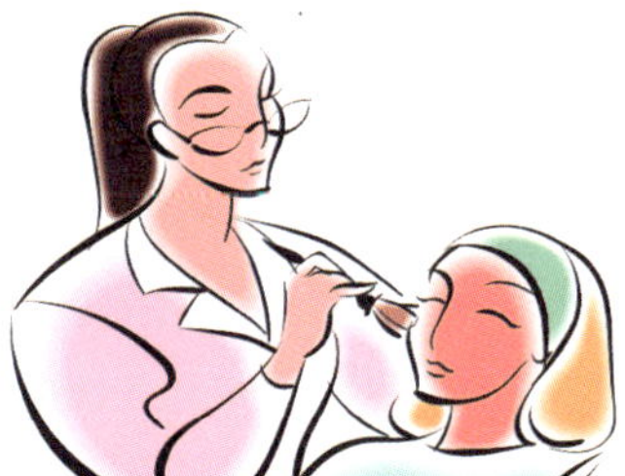

정치가

직업카드

컴퓨터 프로그래머

건축가

외교관

바리스타

요리사

사회복지사

상담가

국제구호활동가

## 직업카드

교사

도서관 사서

항공기 승무원

항공기 정비사

경찰관

축구선수

대학교수

정보보안전문가

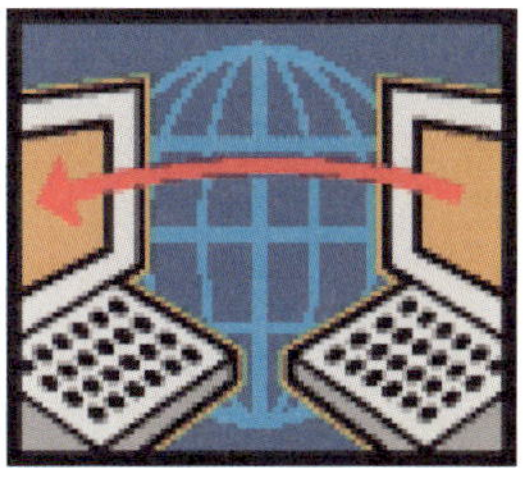

## 직업카드

영양사

공무원

의사

간호사

약사

# 직업체험카드

1. 현장탐방을 한다.

2. 관련 인터넷 카페에 가입한다.

3. 관련 기관(기업) 홈페이지를 정기적으로 방문한다.

4. 도서관에 간다.

5. 인터넷으로 기본적인 정보를 알아본다.

6. 관련된 책을 수집한다.

7. 직업인을 만나본다.

8. 아르바이트를 한다.

직업체험카드

9. 관심 직업에 종사하는 사람을 찾아본다.

10. 미술관을 방문한다.

11. 직업 체험테마 파크를 찾아간다.

12.직업체험 엑스포에 찾아간다

13. 직업체험센터를 방문한다

14. 맛집기행을 하며 레시피, 특징 등을 메모한다

15. 희망하는 대학을 방문한다.

16. 연구소를 찾아간다.

직업체험카드

17. 선생님을 만나본다.

18. 잡지사나 신문사에 전화해본다.

19. 관련 기관에 자원봉사를 신청한다.

20. 관련 학원에 등록한다.

21. 직업인 초청강연에 참석한다.

22. 오디션에 응시한다.

23.진로캠프에 참여한다.

24. 광고회사를 찾아본다.

직업체험카드

25. 서점에 간다.

26. 동물원을 방문한다.

27. 방송국을 견학한다.

28. 유명 스튜디오를 방문한다.

29. 관련 동호회에 가입하거나 만든다.

30. 사회복지관 프로그램에 참여한다.

31. 상담센터를 방문한다.

32. 공연을 보러간다.

직업체험카드

33. 관련 전문가협회를 찾아본다.

34. 은행을 방문한다.

35. 공항에 찾아간다.

36. 병원을 찾아간다.

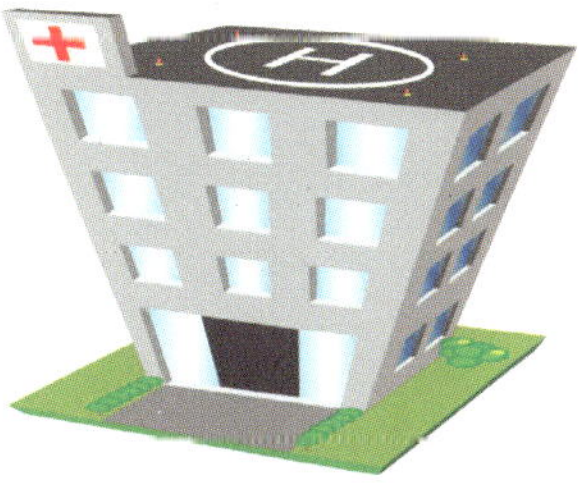

37. 패션쇼를 관람한다.

38. 또래상담자로 지원한다.

39. 용돈을 모아 펀드(혹은 주식)을 산다.

40. 기부 활동에 참여한다.